Frank Schroeder (Hrsg.)

Die Seele folgt dem fliehenden Tag

Romantische Lyrik aus Island
Mit einem Essay des Herausgebers

Die Deutsche Bibliothek - CIP - Einheitsaufnahme

Die Seele folgt dem fliehenden Tag :
romantische Lyrik aus Island /
Frank Schroeder (Hrsg.)
Mit einem Essay des Hrsg. - 1. Aufl. -
Eichstätt : LundiPress-Verl., 1998
ISBN 3-9801648-6-1

1. Auflage 1998
ISBN 3-980 164 8-6-1
© für „Über Lavawüsten, Steinmassen, hochgetürmt -
Poesie einer Landschaft" by Frank Schroeder

Verlag und Vertrieb:
LundiPress Karl Wiktorin
Postfach 1220
85066 Eichstätt

Druck: Eichendruck, Eichstätt
Satz/Layout: IMI - Michael J. Dremel M. A.
Karl Wiktorin

Alle Rechte vorbehalten. All rights reserved.
Printed in Germany

Inhalt

FRANK SCHROEDER
Über Lavawüsten, Steinmassen, hochgetürmt -
Poesie einer Landschaft 7
STEINGRÍMUR THORSTEINSSON: Der Snæfellsjökull 23
HJÁLMAR JÓNSSON: Bei einem Wasserfall gedichtet 27
GRÍMUR THOMSEN: Herbstweise 28
MATTHÍAS JOCHUMSSON: Eggert Ólafsson 29
HANNES HAFSTEIN: Sturm 31
BENEDIKT GRÖNDAL DER JÜNGERE: Windstille 32
GRÍMUR THOMSEN: Schwermut 33
HANNES HAFSTEIN: Beim Geysir 35
JÓNAS HALLGRÍMSSON: Island 38
STEINGRÍMUR THORSTEINSSON: Ankunft des Winters 41
BJARNI THÓRARENSEN: Island 42
JÓNAS HALLGRÍMSSON: Der Berg Skjaldbreiður 44
JÓHANN MAGNÚS BJARNASON: Grímur von Grund 48
JÓNAS HALLGRÍMSSON: Sehnsucht nach der Geliebten ... 51
KRISTJÁN JÓNSSON: Dettifoss 53
GRÍMUR THOMSEN: Sprengisandur 55
BENEDIKT GRÖNDAL DER JÜNGERE: Sonnenuntergang 56
PÁLL ÓLAFSSON: Wiesenstrophen 57
HANNES HAFSTEIN: Der Tonfall 58
BJARNI THÓRARENSEN: Küsse mich 59
PÁLL ÓLAFSSON: Am Tag, da die Asche fiel 60

STEINGRÍMUR THORSTEINSSON:
Schwanengesang auf der Heide 61
BJARNI THÓRARENSEN: Jón Jónsson 62
ÞORSTEINN GÍSLASSON: Die Jökulsá mit der Brücke 66
JÓNAS HALLGRÍMSSON: Gunnars Insel 69
BJARNI THÓRARENSEN: Fljótshlíð 73
JÓN THÓRODDSEN: An die Wolke 74
GRÍMUR THOMSEN: Runenspiel 75
BJARNI THÓRARENSEN: Gedicht an Sigrún 77
STEINGRÍMUR THORSTEINSSON: In der Lavawüste 78
STEINGRÍMUR THORSTEINSSON: Blaue Augen 80
STEINGRÍMUR THORSTEINSSON: Schwarze Augen 81
STEINGRÍMUR THORSTEINSSON:
Des Mädchens Angesicht 82
STEINGRÍMUR THORSTEINSSON: Der Name 83
JÓN THÓRODDSEN: Reiterlied I 84
JÓN THÓRODDSEN: Reiterlied II 85
STEINGRÍMUR THORSTEINSSON: Nach Sonnenuntergang .. 86
JÓN THÓRODDSEN: Unter den Svörtuloptklippen 89
STEINGRÍMUR THORSTEINSSON: Die Tiefe des Himmels ... 90
JÓN ÓLAFSSON: Die Schlittenfahrt 91
PÁLL JÓNSSON: Die Rose 93
ÞORSTEINN ERLINGSSON: Die Bedingungen 95
KRISTJÁN JÓNSSON: Herbst 98

Die Dichter 99
Anmerkungen 117
Übersetzer 121

FRANK SCHROEDER:

Über Lavawüsten, Steinmassen,
hochgetürmt - Poesie einer Landschaft

Die Schneeflocken dieses Tages waren von außerordentlicher Größe. Als ich Reykjavík verließ, hatte es lediglich genieselt, ein kalter Augustwind hatte feinste salzige Tröpfchen über die Skúlagata gesprüht, hinter dem Wolkenschleier war eine blasse Sonne noch ahnbar gewesen. Nun, kurz vor Stapi, auf der Halbinsel Snæfellsnes, legte der isländische Sommer endgültig eine Pause ein. Snær, der sagenhafte Winterkönig aus dem Geschlecht der Reifriesen, die Personifikation des Schnees, übernahm das Zepter. Er war im Bunde mit Bárður.

Bárður, der auf lichter Gletscherhöhe haust. / Er bläst in den Bart, daß dichter / Schneewirbel den Gau durchbraust./ Stöbert's recht, dann freut es ihn, / und er trabt im tiefen Schnee / frohgemut dahin, dichtete dereinst Steingrímur Thorsteinsson, der in Stapi geboren wurde und wie kaum ein anderer die Gegend um Snæfellsnes zum Thema seiner Dichtung machte. Hier, auf der zugeschneiten, kaum noch erahnbaren Piste am letzten Ende der europäischen Welt, stehend in den *Lavawüsten,* an den *Steinmassen, hochgetürmt, und steilen Felsenküsten, wo der Eiswind stürmt*, erfuhr ich zum ersten Mal: In kaum einem anderen Land ist Poesie so sehr die Poesie einer *Landschaft.*

Bárður, der Schutzgeist und Bergdämon der Halbinsel, vergleichbar dem Rübezahl aus dem Riesengebirge, steht als steinerne Figur an der Meeresküste von Snæfellsnes, dort, wo die Atlantikwogen schwer gegen das schwarze Steilufer branden, wo sie Torbögen, Grotten, Höhlen und Säulen in das vulkanische Gestein modellierten, einer Basilika gleich, einer Basilika mit durchlöchertem Dach, so daß bei Sturmflut durch die klaffenden Durchbrüche in der dünnen Basaltdecke der tobende Ozean emporschießt, an heiße Springquellen erinnernd; keine Absperrung schützt vor den vierzig Meter tiefen Fallöchern in der Grasnarbe, Schnee und Gischt stöbern bis zur Blindheit, ein Blick in die tosende, schäumende Tiefe macht Schaudern. Da unten wohnt der Tod.

Höhlen auch oberhalb der Küste, am Fuße des Snæfellsjökull, des Schneeberggletschers; die bekannteste unter ihnen Sönghellir, seit Jahrhunderten als unheimlicher Ort bekannt. Eggert Ólafsson, 1752 als Student der Naturwissenschaften von Dänemark nach Island geschickt, sollte natürliche Ressourcen, Kultur und Bräuche der Bevölkerung erforschen. Er stieg nicht nur als erster auf das Tor zur Hölle, auf den nahezu 1.500 Meter hohen Spaltenvulkan Hekla, er stieg auch in die Lavahöhle am Fuße des Snæfellsjökull, in die Sönghellir, ungeachtet der Gefahr: Hier hausen *Unholde, mannigfalt*. Die früheste Jahreszahl, die Eggert Ólafsson in die Höhlenwände eingeritzt fand, datiert auf das Jahr 1483, doch erwähnt er auch Runen und Hexenbuchstaben. Wenn man nur ausspeie, brumme es in der Höhle in einem tiefen, traurigen Ton. Fünfzehn Jahre später ertrank er in Sichtweite der Sönghellir und der schwarzen Klippen, nichts half ihm sein Mut. *Noch höher das Segel, ruft der Held; / doch flinker war der Tod. / Der Bulk fiel zusammen, die Sturzsee schlug / hin über das ganze Boot.* Snær zürnte, Bárður war mit ihm, Meeresgöttin Rán und Meeresriese Ægir stimmten in das Toben ein.

So starb Eggert Ólafsson, so gedachte ihm Matthías Jochumsson in Versen. Hier, durch die oberen Öffnungen der Meereshöhlen in die schaudernde Tiefe, auf das gischtgepeitschte Wasser starrend, gewinnt seine Lyrik magische Impression.

Auf dieselbe Weise starb Jón Jónsson, Lateinlehrer aus Bessastaðir, ebenso verewigt in Gedichten, diesmal von Jón Thóroddsen und von Bjarni Thórarensen. *Läuten vom Wolkenturm / dort im Nordwest / nicht Leichenglocken / auf Luftgebälk?* So, aber nicht nur so, schleicht sich der Tod in die isländische Lyrik.

Die Insel, die sich nach erheblichen inneren und äußeren Auseinandersetzungen bis zum Jahr 1262 in allen Landesteilen unter die norwegische Krone begeben hatte, die schließlich unter dänische Herrschaft geriet und welcher der dänische König Christian IV. anno 1602 sein zweihundert Jahre währendes Handelsmonopol aufdrückte, war nicht vom Glück gesegnet. Der Weg aus Armut, Abhängigkeit und Isolation war lang und steinig. Erst 1944, in den Wirren des Zweiten Weltkriegs, stimmten in einer Wahl 97,36 Prozent der Stimmberechtigten für die Auflösung der Personalunion mit Dänemark. König Christian X. protestierte. Mehr blieb ihm nicht.

In den Jahrhunderten davor versank Island mit der wirtschaftlichen auch in geistige Lethargie. Erst im 18. Jahrhundert erhoben sich erste zaghafte Stimmen, die für den geistigen und politischen Aufbruch des Landes eintraten. Die Mittel dazu waren unter anderem künstlerischer Natur. Der Däne Ludvig Holberg wurde auch in Island vielen zur Symbolfigur der Aufklärung. Auf der Insel führte sie beispielsweise dazu, daß die altisländische Literatur neu entdeckt wurde und den Gedanken an längst versunkene, glorreiche Heldenzeiten verstärkt aufleben ließ.

Diese Besinnung auf das Historische kam der Romantik zugute, dabei war ihr der Rückblick auf die sagenhafte Vorzeit nie eine Flucht ins Märchen, in den Mythos, sondern stets gegenwartsbezogene Aufgabe. Der Beginn der Nationalromantik läßt sich in Island auf ein konkretes Jahr festlegen: 1835. In jenem Jahr erschien die erste Ausgabe der Zeitschrift „Fjölnir". Einer der Mitbegründer, Jónas Hallgrímsson, veröffentlichte darin sein Gedicht „Island". *Wo sind dein früherer Ruhm, / Freiheit und männliche Kraft? / Alles wechselt auf Erden, / und deine glorreiche Glanzzeit / leuchtet wie nächtlicher Blitz / fern aus entlegener Zeit.* Dieses Gedicht ist eine Klage. Es ist zugleich Programm. Es schildert Verfall, nicht in depressiver Rückschau, sondern als Hoffnung auf eine neue Zeit. Es schildert die noch immer überwältigende Natur Islands. Und hinter die Aussage: *so ist der Vorfahren Ruhm / völlig vergessen, dahin,* schreibt Jónas Hallgrímsson einen Punkt, wie hinter eine unabänderliche Tatsache. Allein der Gestus verrät: Es ist ein ungläubiges Fragezeichen, das zur Aufforderung wird.

Gleichzeitig erreichte auch die realistische Literatur Island. Hannes Hafstein, Islands erster Minister, wurde neben anderen Dichtern zu einem ihrer engagierten Vertreter. Und auch wenn er dichtete: *Dich lieb' ich, o Sturm, / der morsches Gezweige du biegst oder knickst, / doch blühende Bäume nur stärkst und erquickst*, und auch wenn der Romantiker Benedikt Gröndal darauf antwortet: *Ich hasse dich, Sturm! Deiner polternden Wut, / deiner tobenden Tollheit bin ich nicht gut*, so bleibt doch nicht zu übersehen, daß hier zwei Strömungen sich derselben Mittel bedienten, darunter der isländischen Natur und der verklärten Vergangenheit, und daß sie mit unterschiedlichen gedanklichen und ästhetischen Ansätzen das gleiche Ziel verfolgten: die Freiheit der Nation, nicht mehr und nicht weniger.

Nicht übersehen werden kann ebenso, daß sich bei aller Begeisterung für eine bessere Zukunft oft auch Depression breitmachte. Die Lebensumstände im Island des 19. Jahrhunderts, Armut, Epidemien, Naturkatastrophen, ließen häufig genug Platz für Verzweiflung und Tod, auch in der isländischen Lyrik.

Hjálmar Jónsson, das verstoßene Kind einer Landstreicherin, später Vater von sieben Kindern, dem die Frau starb, dessen linke Hand erlahmte, er stand oft hier, am Götterwasserfall oder auch am Dettifoss. So oft ich es versuchte, es gelang mir nie, ihn im strahlenden Sonnenschein zu sehen; tiefliegende Wolken, Nieselregen allenthalben. Ich stand an seinem Rand, in ohrenbetäubendem Tosen, 44 Meter unter mir der tödliche Strudel, rings um mich eine tote Steinwüste. Stand hier Hjálmar Jónsson und zögerte? Als Europas mächtigster Wasserfall ihm zurief: *Ich zögre nicht, kurz ist die Zeit, / die ich zum Ziele hab. / Drum spute dich!* Aber Hjálmar Jónsson sputete sich nicht, er hauste fast 80 Jahre in bitterster Not, ehe der Tod, zu dem er nicht wollte, ihn sich holte.

Nicht nur unter den schwarzen Klippen von Snæfellsnes lauert das Ende, auch wenn Jón Thóroddsen seine Verse darauf bezieht: *Es wacht der Tod, der düstre, Näcth' und Tage*; dann meint das: überall und jederzeit. So kündet eine Lebenseinstellung von sich, die Todessehnsucht heißt, so liest sich die Schilderung der Wirklichkeit in romantischer Verklärung, die da heißt: freiwilliges Hinübergehen ins Schattenreich. Grímur Thomsen nennt es „Schwermut": *Auf den Seegrund strecken, / kühl mit Salzflut decken / möchte ich mein müd' Gebein.* Und Steingrímur Thorsteinsson empfindet nach der Ankunft des Winters: *Ein Laken bedeckt nun das Land.* Nicht: die weiße Pracht bedeckt das Land. Nicht: verwehter Pulverschnee hüllt die Flur. *Ein Laken.* Das weiße Laken des Todes. Und was flüstert Kári, der geisterhaft heulende Windriese, dem Dichter Jón Ólafsson ins Ohr? *Ist's ein Traum von begrabener Hoffnung? / Treibt gar schon der Tod sein Spiel?* Der Tod einer Rose, die von einem jungen Mädchen gepflückt wurde, ist für Páll Jónsson keine botanische Betrachtung. *Der Rose Blätter schlossen sich, / und tot war sie zur selben Stund. Die Sonne aber minniglich / küßt Röslein auf des*

Mädchens Mund. Es sind die Rosen des Todesengels. Auch ihm, dem jungen Mädchen, ist das Ende nicht fern. Selbstmordrate und Kindersterblichkeit erreichten im früheren Island allemal traurige Rekorde.

Wie oft der Tod in Islands romantischer Lyrik auch als persönliches Schicksal beschrieben wird, immer ist dieser Tod auch lesbar als Spiegel gesellschaftlicher Depression, als Verzweiflung an den in jeder Hinsicht schwierigen Gegebenheiten. Kein Zweiter trifft diese Stimmung so adäquat wie Grímur Thomsen in seiner „Herbstweise". Vordergründig nur beschreibt er die herbstliche Jahreszeit, der in Island zwischen dem Sommer und dem oft unvermittelt einbrechenden Winter häufig nur eine sehr kurze Zeitspanne bleibt. *Die Nacht wird lang, ihr Haupt die Blumen neigen, / die fahlen Blätter beben in der Runde.* Der Wind bringt *klagend schlimme Trauerkunde*, und das Vöglein *schweigt. Mit kaltem Schauer senkt sich* der Schnee. Aber auch hier ist die Naturbeschreibung, so vollkommen sie gehandhabt wird, Ausdruck gesellschaftlichen Fühlens. Denn: *Auch in die Menschenbrust kommt Herbstestrauer.* Das ist die eigentliche Botschaft der Verse Grímur Thomsens, die traurige Jahreszeit hat gesellschaftliche Dimension.

Die romantisch geschilderte Natur Islands konzentriert sich mitunter auf die Extreme, die dem Eiland auch seinen Beinamen gaben: Insel zwischen Feuer und Eis. Durchschnittlich alle fünf Jahre bricht hier ein Vulkan aus, Surtur, der altnordische Feuerriese, zeigt seine Macht. Er ist das Sinnbild des alles vernichtenden Weltenbrandes aus der Edda, ein Riese, *der ein flammendes Schwert hat; am Ende wird er kommen und Krieg führen und alle Götter besiegen und die ganze Welt mit Feuer verbrennen. Surtur reitet zuerst und vor ihm und hinter ihm brennendes Feuer; sein Schwert ist ausgezeichnet und scheint heller als die Sonne.* So schildert die Edda die mythologische Gestalt des Surtur. Wie lebendig sie ist, zeigt die Tatsache, daß die Isländer jene Insel, die durch einen unterseeischen Vulkanausbruch am 14. November 1963 geboren wurde, treffend tauften. Sie gaben ihr den Namen Surtsey, Insel des Feuerriesen.

Das vernichtende Werk Surturs spiegelt sich auch in der Literatur, in der Prosa, wie etwa im Roman „Skaftáfeuer" von Jón Trausti, der den größten nacheiszeitlichen Vulkanausbruch, die Eruptionen der Lakispalte 1783 zum Handlungshintergrund erhebt, wie auch in der Lyrik. Zum einen beschreiben die romantischen Dichter die Mächtigkeit und die erhabene Schönheit der zahllosen isländischen Vulkane. Jónas Hallgrímsson empfindet den mehr als tausend Meter hohen Schildvulkan Skjaldbreiður als *Schönste aller Höh'n*. Sein Schneehelm glänzt *hoch und her*, und von der freundlichen *Morgensonne Strahl ist sein Gipfel schon beschienen*.

Zum anderen künden der Dichter Verse von eruptiver Vernichtung, von Angst und Schrecken vor der vulkanischen Übermacht. Als die Lakispalte ausbrach, kamen

9 000 Menschen ums Leben, ein Fünftel der isländischen Bevölkerung jener Zeit. Eine vollständige Evakuierung nach Dänemark wurde in Betracht gezogen. Hundert Jahre später zogen die Aschewolken, die die Askja in Zentralisland ausspie, bis nach Norwegen und Schweden. Asche fiel auf die Landschaft, in der Páll Ólafsson dichtete: *Der Wind verhext die salz'ge See, / bläst immerzu ins Feuer / und hüllt in Asche Hof und Gau, / es ist nicht mehr geheuer.* Páll Ólafsson flüchtet sich vor dem Untergang in den Alkohol, damals wie heute trägt der hochprozentige Selbstgebrannte einen bezeichnenden Namen: Schwarzer Tod.

Ist es ein Wunder, daß in diesem Grauen, in dieser vulkanischen Landschaft Geister leben? In Island tragen sie vielfältige Gestalt, als Elfen und Trolle, oder als Wiedergänger, als die wandelnden Seelen Verstorbener, die ihren Frieden nicht finden können.

Ich bin allein. Dichte Nebelschleier wehen über die Lavawüste, hundert Kilometer im Umkreis, egal in welche Richtung ich mich wende, keine Menschenseele. Obwohl man hier über dutzende Kilometer weit hören kann, dringt kein menschlicher Laut an mein Ohr. Da drüben, zwischen den aufgetürmten Lavazacken, wo schwefelgesättigte Schwaden aus dem Erdinneren quellen, tanzen sie. Ich kann sie deutlich sehen, Elfen, Spukgestalten. *Geschwind, reit geschwind, über den Sand jage hin, / schon schwindet die Sonn' hinter Bergen! / Viel böse Geister von den Gletschern dann ziehn, / die sich im Dunkeln verbergen!* Da drüben tanzen sie, auch Grímur Thomsen hat sie gesehen.

Und Steingrímur Thorsteinsson. Nicht immer sind die tanzenden Geister unheimliche Erscheinungen der Nacht, des Dunkels. „Nach Sonnenuntergang" noch leuchtet der isländische Sommerhimmel in den strahlendsten Farben, und *ein himmlisch reiner / Hauch aus der Geisterwelt / breitet sich über die Berge, / als umwebten im Traum sie / die duftigen Farben / aus lichten Landen der Seligen.*

In allen Ländern prägte der Hang zum Phantastischen, zum Unerklärlichen, die romantische Seele. Sicher breitet sich der Hauch aus der Geisterwelt auch anderswo über die Berge, auch fern der vergletscherten Vulkankegel spielen die *wonnig glänzenden Wolken mit wechselnden Lichtern*, auch an fremden Stränden ruft der Romantiker *O Wunderstille! O Abendmilde! O himmlisch-here Schönheit!* Aber Karl Kraus, dem Geheimnis jeglicher Dichtung auf der Spur, trifft den Kern: *Das Geheimnis besteht nur darin, wer die Zeile schreibt, in welchem Gedicht sie steht, in welcher Luft sie lebt und atmet.* Die Zeilen der isländischen Dichter leben und atmen in gletscherkalter Luft und Schwefeldunst.

Die Kunst des Verseschmiedens könnte, so mag es bei einigen isländischen Dichtern scheinen, vererbbar sein. Benedikt Gröndal der Jüngere, um nur einen zu nennen, hatte schon einen dichtenden Vater: Sveinbjörn Egilsson, im Hauptberuf Rektor der höchsten Schule in Reykjavík und Lyriker außerdem. Als Vorbild dienten diesem die griechisch-römischen Klassiker, eine Eigenart, die er mit seinem Schwiegervater teilte. Auch der schrieb Gedichte, er nannte sich Benedikt Gröndal und erhielt der Unterscheidbarkeit zu seinem Enkel wegen später den Zusatz „der Ältere". Auch scheint die Verehrung für den älteren Benedikt bei Sveinbjörn Egilsson derart ausgeprägt gewesen zu sein, daß er schließlich um dessen Tochter Hand anhielt.

Sveinbjörn Egilsson, Vater des jüngeren Benedikt, Schwiegersohn des älteren, wurde jedoch nicht sofort nach seiner Kopenhagener Studienzeit Rektor in Reykjavík, zuvor erhielt er einen Lehrauftrag an der Lateinschule zu Bessastaðir, der durch den Tod des verunglückten Jón Jónsson frei geworden war, jenem Lehrer, der im Breiðafjörður in Sichtweite der schwarzen Klippen von Snæfellsnes ertrank. Jón Thóroddsen und Bjarni Thórarensen setzten ihm, wir sagten es, ein lyrisches Denkmal. So kennt jeder jeden, so ist jeder mit jedem - zumindest weitläufig - verwandt, verwandt im romantischen Geiste sowieso.

Die isländische Lyrik des 19. Jahrhunderts ist eng mit zwei Örtlichkeiten verbunden: Bessastaðir und Viðey.

Viðey - ich erreiche die 1,7 Quadratkilometer große Insel bei Reykjavík mit einem schaukelnden Kahn. Um mich fächerartig aufgeblätterter Säulenbasalt, Wollgras in sumpfigem Gelände. In zentraler Lage stehen das älteste isländische Steinhaus und die zweitälteste Kirche des Landes. Magnús Stephensen, Präsident des Obersten Landesgerichts, kaufte Anwesen nebst Insel 1817, ließ die einzige Druckerei Islands nach Viðey verlegen und betrieb sie

25 Jahre lang, nicht ganz ohne Eigennutz. Der Präsident des Obersten Landesgerichts war nicht nur Dichter, sondern auch Herausgeber verschiedener Zeitschriften, darunter die „Klosterpost", die nicht nur Klösterliches, sondern auch Literarisches zu verbreiten wußte. Lediglich die mitunter recht schaukelnde Anreise zur kleinen Insel war der weiteren glorreichen Zukunft des Eilands hinderlich. Abhilfe tat Not: Bessastaðir.

Bessastaðir liegt auf dem nordöstlichen Teil der Landzunge Álftanes, auf historischem Boden. Hier stand einst der Hof des Edda-Autors Snorri Sturluson. Später, nach dessen Ermordung, konfiszierte der norwegische König das Gut, hier residierten die höchsten Beamten der Insel, sodann beherbergten seine Mauern die Lateinschule. Sowohl das Register der Lehrer als auch das Verzeichnis der Schüler liest sich wie ein „Who's Who" der isländischen Literaturszene. Einer der berühmtesten Romantiker Islands, Grímur Thomsen, steht nicht auf der Schülerliste. Allerdings wurde er dort geboren und hatte die historische Stätte geerbt.

In der späten Sommernacht, wenn die Sonne kurz unter den Horizont taucht, konnte er, wie ich am Ufer stehend, von hier weit über den unruhigen Fjord blicken, hinüber auf die magische Kulisse der Halbinsel Snæfellsnes, auf Bárðurs Reich. Mit ihm, gelegentlich im nächtlichen Dämmerlicht, am Strand philosophierend, Steingrímur Thorsteinsson, Gedanken tauschend, Reime schmiedend. *Noch sitz' ich hier, / wo das Meer die großen / Strandgesteine umspült, / und trinke entzückt / den zaubrisch-schönen / Anblick mit Augen und Seele.* Des Dichters Gedanken wie die Blicke gehen hinüber zum Schneeberggletscher, der sich im Halbdunkel aus den Wogen erhebt.

Dort geht der Tag zu Neige, und *die Seele folgt dem fliehenden Tag,* hinüber ins Land seiner Kindheit.

Steingrímur Thorsteinsson
Der Snæfellsjökull

Über Lavawüsten,
Steinmassen, hochgetürmt,
und steilen Felsenküsten,
wo der Eiswind stürmt,
schaut auf kaltem Felsenkap
Snæfellsjökull[1] himmelhoch
auf das Meer hinab.

Dort lärmen Vogelheere
an schwindelnd hoher Wand,
hier lauert Hel[2] im Meere,
hier rast Rán[3] ans Land;
finster ragt, zwei Riesen gleich,
ein gespenstig Felsenpaar[4]
auf ins Wolkenreich.

Strandfelsen stehn dort viele,
das Haupt mit Grün geziert,
wo, dem Wind zum Spiele,
der Grashalm zitternd friert.
Langsam übers Meer hin schwebt
die Möwe, suchend, und des Wals
Dampfsäule sich erhebt.

Wenn die Sturmflut schäumend
mit schneeweißer Gischt,
hoch empor sich bäumend,
auf die Felsburg zischt;
in einer Mondnacht - wolkenschwer,
nichts Gewaltigeres sah ich je
als dich, entsetzlich Meer!

Dort singt kein Schwan; laut kreischen
Seevögel und Raben allein,
die ihre Äsung heischen;
der Fuchs heult im Gestein.
Doch im Sommer klang so traut
abends von der Heide her
oft des Vogels Laut.

Bei dem klaren Bache
hatt' ich ein Häuschen klein,
und zum Wohngemache
richtete ich mir's ein.
Ließ gern Schifflein schwimmen auch,
und wir freuten uns daran,
wie's kleiner Kinder Brauch.

Herrlich war's zu schauen,
wenn des Snæfells Eis
vom Himmel sich, vom blauen,
abhob so blendend weiß.
Am reinsten ist, so dacht' ich dann,
alles, was am höchsten hier
zum Himmel reicht hinan.

Hier hausten vor grauen Tagen
Unholde mannigfalt;
erstarrt zum Steinbild ragen
heut manche, hoch und kalt.
Nur wenige gibt's noch hierzuland;
aber einer, weiß ich, wacht
dort am Meerestrand:

Bárður[5], der auf lichter
Gletscherhöhe haust.
Er bläst in den Bart, daß dichter
Schneewirbel den Gau durchbraust.
Stöbert's recht, dann freut es ihn,
und er trabt im tiefen Schnee
frohgemut dahin.

Mög' stets er stehn und zeigen
als grimmiger Troll sich dort,
als weise er die Feigen
aus seinem Gaue fort:
des Snæfells Herr am blauen Meer,
der alle Berge überragt,
als Wächter hoch und her.

Am liebsten mag ich träumen
von deinem Wüstenland,
das alte Krater säumen
am gischtgepeitschten Strand.
Wehmut überkam mich da,
als ich vom hohen Schiffsverdeck
zum letzten Mal dich sah.

Auf den blauen Fluten
flog dahin das Boot;
du standest von den Gluten
des Abendglühens rot.
Ich wußt' nicht, als dich mein Blick verlor,
ob dich das Meer dem Aug' verbarg,
ob meiner Tränen Flor.

Hjálmar Jónsson
Bei einem Wasserfall gedichtet

Laut spricht der Strom, indes er breit
die Bergschlucht stürzt hinab:
Ich zögre nicht, kurz ist die Zeit,
die ich zum Ziele hab'.

Und also spricht die Zeit zu mir:
Hab acht auf dich, denn sieh:
wer immer es auch wollte hier,
ich wart' auf ihn doch nie.

Drum spute dich; die Flut stürzt fort;
komm mit, bist du bereit?
Ich eile gleich geschwind zum Port
des Meers der Ewigkeit.

GRÍMUR THOMSEN

Herbstweise

Die Nacht wird lang, ihr Haupt die Blumen neigen,
die fahlen Blätter beben in der Runde;
und klagend bringt der Wind den Waldeszweigen,
die ängstlich lauschen, schlimme Trauerkunde;
vom Walde hört das Vöglein sie und schweigt.

Auch in die Menschenbrust kommt Herbstestrauer;
die Freude flüchtet, und des Winters Flocke
senkt, statt des Perlentaus, mit kaltem Schauer
sich mählich auf die dunkle, weiche Locke,
und auf den Wangen stirbt des Lenzes Flor.

MATTHÍAS JOCHUMSSON

Eggert Ólafsson

Der Himmel droht, schwer rollt die See
im Frühlingsnebelflor.
Es war Herr Eggert Ólafsson[6],
der abstieß vom kalten Skór[7].

Ein kluger Alter am Strande saß,
der machte ein sorglich Gesicht;
er sagte zu Eggert Ólafsson:
Die Wolken gefallen mir nicht.

Ich fahr' nicht auf Wolken, fahr' über die See!,
entgegnete lachend der Held;
ich glaube an Gott, doch an Schreckbilder nicht,
und das stürmische Meer mir gefällt.

Der kluge Alte verließ den Strand
und sprach mit traurigem Sinn:
Nicht fährst du heute über die See,
zum Herrgott fährst du hin!

Es war Herr Eggert Ólafsson,
der abstieß vom kalten Skór.
Das Segel hißt' es, und seinen Sitz
er selbst sich am Steuer erkor.

Pfeilschnell schießt Eggerts Boot dahin;
schon peitscht der Sturm das Meer.
Der letzte Vogel vom fernen Skór
flattert zur Linken einher.

Die junge Frau sitzt auf dem Bulk[8],
der Edlen Wange erbleicht.
O Gott, die Woge ist steil und hoch,
bis in den Himmel sie reicht!

Noch höher das Segel, ruft der Held;
doch flinker war der Tod.
Der Bulk fiel zusammen, die Sturzsee schlug
hin über das ganze Boot.

Es war Herr Eggert Ólafsson,
der jetzt vom Meerroß sprang
und rasch im rasenden Breiðafjord,
das Weib im Arme, versank.

Das war Herr Eggert Ólafsson,
seufzt Islands Schutzgeist schwer;
wahrhaftig, einen bessern Mann
bewein' ich nimmermehr!

Und droht der Himmel, rollt schwer die See
im Frühlingsnebelflor,
so tönt noch jetzt ein Klaggesang
fernher vom kalten Skór.

Hannes Hafstein

Sturm

Dich lieb' ich, o Sturm, der du brausest landein
und fröhliches Sausen erweckst in dem Hain,
der morsches Gezweige du biegst oder knickst,
doch blühende Bäume nur stärkst und erquickst.

Du bläsest den Schnee von der Erde mit Macht,
vertreibst das Gewölk, bis die Sonne mir lacht,
entfachst auch den Funken zum lodernden Brand,
schmückst Weltmeer und Buchten mit glitzerndem Rand.

Du bauschest die Segel, trägst Lasten durchs Meer,
ziehst Helle und Klarheit verbreitend einher;
du läuterst die Luft und du gibst wieder Kraft
dumpfbrütenden Geistern, die müd' und erschlafft.

Kommst so du gezogen mit Siegesgewalt,
dann fühl ich mich selber viel stärker alsbald;
dich lieb' ich, o Kraft, die die Wogen auftürmt,
dich lieb' ich, o Kraft, die den Nebel durchstürmt.

Dich lieb' ich, dich lieb' ich, du ewiger Streit,
mit wogender Brust sei mein Lied dir geweiht!
Luftfahrer, der frei du hinziehst durch die Welt,
mein Geist sich dir fröhlich und mutig gesellt!

Benedikt Gröndal der Jüngere
Windstille

Ich liebe dich, o Stille, wenn sonnenbeglückt
die duftende Blume das Höhengrün schmückt;
wenn ruhig die See liegt – ein endlos Geschmeide,
der Brachvogel spricht mit dem Schwan auf der Heide.

Dich hasse ich, Sturm; denn was kannst du wohl mehr,
als Wolken blind treiben, bald hin und bald her,
verwüsten und heulen und schauerlich blasen
und sinnlos über die Erde rasen?

Ich liebe dich, Stille, wenn leis in der Nacht
im tauigen Tale die Vorzeit erwacht,
das Bächlein die Kiesel liebkost wie in Träumen,
doch weit in der Wildnis die Sturzfälle schäumen.

Ich hasse dich, Sturm! Deiner polternden Wut,
deiner tobenden Tollheit bin ich nicht gut,
magst noch so erhaben und wichtig dich geben
und bis zu den Wolken den Scheitel erheben.

Ich lieb' dich, o Stille, sanft tröstende du,
zieh ein in mein Herz und bringe mir Ruh,
gar manchen Sturm wirst da drinnen du finden,
der erst des Abends sich legt mit den Winden.

Grímur Thomsen

Schwermut

Auf den Seegrund strecken,
kühl mit Salzflut decken
möchte ich mein müd' Gebein,
im wilden Wogengange
ruhn auf weichem Tange,
das Haupt gestützt vom glatten Stein.

Streut die Sonn' im Lenze
ihre Strahlenkränze
auf der Wogen weites Reich,
dann im Dämmerraume
sitz' in düsterm Traume
ich bei Fischen fahl und bleich.

Und mit trübem Auge
starr ich auf der Drauge[9]
schrecklich Spuken um mich her,
oder auf die bleichen
abgestorbnen Leichen,
umgewälzt vom wilden Meer.

Und treibt mein Tod auch keinen
zum Trauern oder Weinen,
klagt nicht Knab' noch Mägdelein,
wird doch die Woge dröhnen
und dumpf und schaurig stöhnen
der schwarze, meergepeitschte Stein.

Hannes Hafstein

Beim Geysir

Beim Geysir hielt ich Wache zur Nacht,
ging im feuchten Grase zur Ruh'.
Von den Quellen wehte der Nachtwind sacht
die schwülen Dämpfe mir zu.
Die müden Gräser schlummerten tief,
vom Dampf her zwiefach betaut, wie sie sind.
Im Zelte die Reisegesellschaft schlief.
Ich sollte sie wecken geschwind,
wenn jählings der große Geysir zu spielen beginnt.

Das Haupt auf dem Arme lag ich nun so
an des Rasens äußerstem Rand;
am Busen der Heimat ruhte ich froh,
ich war ja so lang' außer Land!
Da war mir im Geiste Vergeßnes erwacht;
ich schaute unsre Vergangenheit,
die Zukunft jedoch verbarg mir die Nacht.
Ich sah mit zornigem Leid,
wie hart man geknechtet uns hatte so lange Zeit.

Ein tränendes Auge der Himmel mir deucht',
zu Seufzern ward das Gesumm;
die sinkenden Tropfen, die Grashalme feucht,
um Freiheit flehten sie stumm.

Da war es, als hätt' unter meinem Haupt
dumpf Schuß auf Schuß in der Tiefe gekracht;
den Herzschlag hab' ich zu hören geglaubt
von einer Urkraft und Macht,
die nach langem Schlummer wieder zum Leben erwacht.

Begeistert durch die Seele es sang:
er kommt nun doch, er zerreißt
die Bande, worin er gelegen so lang',
der Zukunft gefesselter Geist!
Er führt uns nun stolz zu den Höhen des Ruhms,
nachdem er zermalmt mit den Fäusten der Kraft
das drückende Joch unseres Sklaventums.
Zur gewaltigen Macht er nun schafft
die Lebenskraft wieder,
so lang' schon erschöpft und erschlafft.

Da lachte es spöttisch herab von den Höhn:
So seid ihr; sieh doch einmal!
Ich sah nach dem Geysir: er schoß mit Gedröhn
empor in mächtigem Strahl,
Dampfsäulen prustend aus tiefem Schlund.
Wie hoch hat die Schnellkraft empor ihn gerafft!
Grell schied er des Himmels grauweißlichen Grund!
Zu oberst, urplötzlich erschlafft,
fiel jählings sich wendend
er wieder zum Urquell der Kraft!

Da sprang ich rasch auf, vom Schlafe erwacht,
ich hatte dies alles - geträumt.
Denn still war ringsum die einsame Nacht,
die Schale nur leicht überschäumt.
Kein Ausbruch war's, ob's auch wie ein Schuß
im Innern der Erde gedröhnt und gegrollt.
In weiter Ferne rauschte der Fluß.
Im Osten schimmerte hold
der junge Tag; bald glühten die Berge in Gold.

Wir kehrten morgens wieder nach Haus
und dachten des Geysirs nicht mehr;
doch seh' ich und hör' ich wo Wassergebraus,
dann ist mein Wunsch immer der:
sollt' wieder im Traum ich sehen einmal
des Vaterlands Symbol, so sei's
der Quell eines mächtigen Stroms, kein Strahl,
der zurückfällt ins selbe Geleis;
doch wachend zu sehn solch ein Zeichen
wär' schönerer Preis!

JÓNAS HALLGRÍMSSON
Island

Island, glückliches Land,
  du gute, schneeweiße Mutter!
Wo sind dein früherer Ruhm,
  Freiheit und männliche Kraft?
Alles wechselt auf Erden,
  und deine glorreiche Glanzzeit
leuchtet wie nächtlicher Blitz
  fern aus entlegener Zeit.
Lieblich und schön war das Land,
  schneeweiß die Spitzen der Gletscher,
heiter der Himmel und blau,
  hell auch und blinkend das Meer.
Damals kamen die Väter,
  der Freiheit ruhmreiche Helden,
über das östliche Meer
  in der Glückseligkeit Land,
bauten sich Haus und Hof
  im Schoße blumiger Täler,
lebten hier glücklich dahin,
  glänzend durch mancherlei Kunst.
Dort auf der Lava, hoch oben,
  wo noch wie damals der Axtfluß[10]
aus der All-Leute-Schluch[11] strömt,
    tagte das Althing[12] einst;

dort stand Thorgeir[13], als christlich
  das Volk am Thinge geworden,
dort waren Gissur und Geir,
  Gunnar und Hédin und Njál[14].
Helden durchschritten die Gaue,
  und herrlich gerüstete Schiffe
brachten, aufs beste bemannt,
  Waren im Überfluß heim.
Aber ganz stille zu stehn
  ist schwer; es streben die Menschen
immer die Wege zurück
  oder nach vorwärts die Bahn.
Was ist in sechshundert Jahren aus
  unserer Arbeit geworden?
Gingen den richtigen Weg
  wir wohl zum Guten empor?
Lieblich und schön ist das Land,
  schneeweiß die Spitzen der Gletscher,
heiter der Himmel und blau,
  hell auch und blinkend das Meer;
doch auf der Lava, hoch oben,
  wo noch wie damals der Axtfluß
aus der All-Leute-Schlucht strömt,
  tagt nun das Althing nicht mehr.
Nun ist die Bude des Snorri[15]
  ein Pferch und der heilige Lögberg[16]
jährlich von Beeren ganz blau,
  Kindern und Raben zur Lust!

O, ihr Jünglinge all
  und Islands erwachsene Söhne,
so ist der Vorfahren Ruhm
  völlig vergessen, dahin.

Steingrímur Thorsteinsson
Ankunft des Winters

Der Winter fällt ein und gar grimmig und hart;
Sturzwellen erdröhnen am Strand;
es krümmt die Natur sich noch, eh' sie erstarrt;
ein Laken bedeckt nun das Land.

Es lastet der Schnee auf der Erde und fegt
ins Obdach des Vogels; es droht
dem Sänger, dess Lied uns im Sommer bewegt,
von Frost und von Hunger der Tod.

Doch schlaf' unterm Schnee, unser Mütterlein du,
am Bett hält dein Kinderkreis Wacht;
nichts stör' in der endlosen Nacht deine Ruh,
ob's stürmet und brauset und kracht!

BJARNI THÓRARENSEN

Island

Du ruhmvolles Land, dem das Leben wir danken,
du hieltst deine Kinder von Lastern noch rein;
das Weltmeer beschirmte bisher dich gleich Schranken,
es möge auch ferner zum Schutze dir sein!

O seltsam Gemisch du von Frost und von Gluten,
von Bergen und Wüsten, von Lava und Meer:
bist schön, doch auch furchtbar, denn drohend umfluten
dich Flammen gar oft von den Schneebergen her.

Befeuert uns, Gluten, du Frost, gib uns Härte,
ermahnt uns, ihr Gipfel, zu mannhafter Tat!
Du Ægir[17], blausilbern, mit flammendem Schwerte,
verhüte als Cherub, daß Schlaffheit uns naht!

Und käme auch Wollust auf Wogen geschwommen
im Schiffsgut, mit Ratten zugleich, nun, so sei's!
Denn wagt sie, vom Kaufplatz ins Land uns zu kommen,
so geht sie zugrunde im Frost und im Eis.

Will sonst, auf den Rossen der Flut dich belauernd,
ein Laster dir nahn, so verjag es nur gleich
mit Brandfackeln Heklas[18], auf daß es erschauernd
in Eile verschwinde aus deinem Bereich!

Doch kannst du dem tückischen Feind nicht obsiegen,
streicht Elend mit Lastern im Lande umher:
dann kehr auf den Grund zurück, dem du entstiegen,
dann Vaterland, sinke nur wieder ins Meer!

JÓNAS HALLGRÍMSSON
Der Berg Skjaldbreiður[19]

Schönste aller Höhn, es schmückt dich
wohl dein Schneehelm, hoch und her,
doch du bietest auch ein breites
Tal dem dunklen Lavameer.
Längst hat Logis[20] Zorn vollendet
dieses Gußwerk, grausig wild.
Du verdienst drum deinen Namen:
kuglig-breiter Schreckensschild.

Zu dem hohen Berge reit ich,
von der Morgensonne Strahl
ist sein Gipfel schon beschienen,
färbt sich Hügel, Pfad und Tal.
Dort im Norden ragt der Breiður
selbst empor so stolz und hell;
Lambahlíð[21] grüßt auf dem Wege
und gen Süden Hlöðufell[22].

Über die erstarrte Lava
trägt mich sicher nun mein Roß.
Wann wohl dieses Meer von wilden
Feuerfluten sich ergoß?

Kein Getier ward froh des Lebens
hierzuland zu jener Stund,
und kein Mensch hat je gesehen
dieses Lavastromes Grund.

Jäh der Gletscherberg erbebte
unter brüllendem Getos,
gleich als fielen hoch vom Himmel
alle Sterne, klein und groß.
Wie die Mückenschwärme flogen
Funken, wirbelnd in der Luft;
finstre Nacht ward aus dem Tage,
Feuer speiend dröhnt' die Kluft.

Rote Flammenflüsse brüllen,
Rauch verhüllt den Himmelsraum,
Busch und Wald darunter schwinden
und der Vogelbeere Baum.
Schreck und Schaudern faßt die Blumen,
und erbleichend, wo sie stehn,
senken sie den Kopf zur Erde;
Gott allein hat dies gesehn.

All die Wasser, die da früher
fielen von der Höhe dort,
fließen jetzt in finstren Gängen
unterirdisch zitternd fort

bis zur Stelle, wo des Feuers
Fluten endlich sich gestaut,
und das Aug' in breiter Ebene
Islands größten See[23] nun schaut.

Breit umsäumt vom Lavabogen
schläft das Land in müder Ruh';
fröhlich jetzt die Sterne funkeln,
blinken Höhn und Heiden zu.
Berstend in die hohle Wölbung
sank die Lava auf den Grund;
laut erdröhnte es zum Himmel,
dunkles Wasser füllt den Schlund.

Festgebaut mit Kraft und Schrecken
so des Volkes Berg erscheint,
der mit Schnee bedeckt nun knechtet
den gebundnen Landesfeind.
Wo die Gluten früher strömten,
grünt jetzt Gras schon Jahr für Jahr,
Felsenwände und das Wasser
schützen nun sie vor Gefahr.

Wer hat solches je geschaffen,
aufgebaut solch eine Wehr:
aus erstarrten Feuermassen
eine Felsenfestung, hehr?

Gott erbaute diese Feste,
stark, mein Kind, ist seine Hand.
Gott nur und das Feuer brachten
solch ein Wunderwerk zustand.

Östlich steigt ein Felsengürtel
aus der breiten Rabenkluft[24],
eine andre Wand noch mächt'ger
strebt im Westen in die Luft.
Nun versteh' ich's, warum Geitskór[25]
einst das Thing hierher verlegt:
fest noch steht die Schlucht, die ihren
Namen vom Allvolke[26] trägt.

Laßt mich, Geister, fröhlich wandern
in der Berge Wüstenei;
bin allein mit Pferd und Hund nur,
jeder Last und Bürde frei.
Ach, wie viel gibt's hier zu denken,
wie viel Herrlichkeit ist hier!
Will drum auch im Freien nachten,
Welcher Unhold schadet mir?

JÓHANN MAGNÚS BJARNASON
Grímur von Grund[27]

Von Island herüber kam Grímur von Grund.
Sie gaben ihm Land am Parrysund.
Dahin zog mit all seiner Habe er dann
im Herbst, als es fror und zu schneien begann.
Die Engländer fanden, kein anderer wär'
von solch gewaltigem Wuchse wie er;
   denn hünenhaft war dieser Mann.

Er baute sein Häuschen, schlug Bäume im Wald,
bestellte im Frühling den Garten alsbald,
umhegte sein Grundstück und machte das Land,
das wilde, zu Wiesen mit Fleiß und Verstand.
Die Engländer sagten, kein anderer wär'
so flink und geschickt bei der Arbeit wie er.
   Und Achtung bei allen er fand.

So schwanden die Jahre, und Grímur von Grund
war ein tüchtiger Bauer am Parrysund.
Er bestellt noch den Garten, schlägt Bäume im Wald,
fährt fischen und lacht und singt, daß es hallt.
Die Engländer fanden, kein anderer wär'
so tätig und fleißig allimmer wie er.
   Und wohlhabend war er auch bald.

Da zog eine Seuche durchs ganze Land
mit Trauer und Leid im Gefolg, und sie fand
den Weg auch zu Grímur, zu seiner Farm,
und riß ihm sein Weib und sein Kind aus dem Arm.
Die Engländer sagten, daß keiner wohl mehr
von Kummer und Sorgen gebeugt ward als er;
  feucht glänzte sein Aug' oft vor Harm.

Im Garten grub er zwei Gräber schlicht
und schmückte sie mit Vergißmeinnicht.
Dort saß er nach Sonnenuntergang
in bitterem Schmerze oft stundenlang.
Die Engländer fanden, es wäre seither
kein andrer so ernst und so schweigsam wie er;
  denn zu klagen er stets sich bezwang.

Den Nachbarn tat sein Kummer gar leid;
sie luden ihn ein zur Geselligkeit.
Da wies auf die grünen Gräber er hin:
Von diesen zu gehn, kommt mir nie in den Sinn.
Die Engländer fanden, kein anderer wär'
in Geduld so ergeben und treu so wie er.
  Sie verstanden und achteten ihn.

So schwanden die Jahre, und Grímur von Grund
ergraute gar bald am Parrysund.
Er fuhr noch fischen, schlug Bäume im Wald
und bestellte im Frühling den Garten alsbald.

Die Engländer sagten, daß keiner wohl wär'
mit sechzig Jahren so weiß schon wie er.
  Doch allein er nun stand, da er alt.

Und jetzt sind im Garten der Gräber drei;
ein Weidenbusch grünt im Sommer dabei.
Beim Wald aber steht noch sein Häuschen zur Stund',
wo das Bächlein fließt in den Parrysund.
Die Engländer sagen noch, standhafter wär'
kein Mann, den sie kannten, gewesen als er,
  der Isländer Grímur von Grund.

JÓNAS HALLGRÍMSSON
Sehnsucht nach der Geliebten

Dein gedenk' ich,
wenn die Sonne
hoch am Himmel leuchtet,
wenn der Mond
zum Meeresschoße
silbern niedersinkt.

Himmelslüfte
hauchen deinen
Namen in Lauten der Liebe;
ihn auch plätschert
plaudernd der Bergstrom
heiter auf grüner Halde.

Manches, merk' ich,
möchte dir gleichen
auf Gottes guter Erde:
das Frührot deiner Anmut,
die blauen Sterne deinen Augen.
die Lilien deinen lichten Händen.

Warum bestimmte
das Schicksal wohl
uns beiden getrennte Bahnen?

Warum doch ließ es
mein ganzes Leben
mich nicht mit dir genießen?

Lang werd' ich den Weg,
den du wandeln mußt,
mit traurigen Augen betrachten,
bis dein lichtes,
liebliches Bild
mir aus der Erinnerung schwindet.

Die sonnigen Mädchen,
die ich seither sah,
erinnern mich alle an dich.
Drum geh' ich einsam
und ohne Stütze
zu den dunklen Türen.

Ich stütz' auf den Stein mich,
die Zunge erstarrt mir,
die Lebensflamme flackert.
Das Weltlicht ist gesunken,
die Silbersterne flimmern,
nach dir allein verlang' ich.

Kristján Jónsson

Dettifoss[28]

Wo nie vom Gestein, dem düster grauen,
ein goldig Blümlein zum Himmel lacht;
wo schneeweißer Wogen grimmige Klauen
die hohen Klüfte erfassen mit Macht;
hier sprachst mit donnernder Stimme du immer,
mein trauter Freund schon, als ich noch Kind,
der Fels unter dir erbebt mit Gewimmer,
dem Halme gleich im nachtkalten Wind.

Du singst ein Lied von den toten Ahnen
und von den Zeiten des Heldentums,
uns an die alte Freiheit zu mahnen
und an den traurigen Abend des Ruhms:
es spielen durch Wolken die hellen Strahlen
der Sonne auf dir in lustigem Tanz,
um über die tosenden Wogen zu malen
des Regenbogens farbigen Glanz.

Fürchterlich bist du, doch wunderprächtig,
o Wasserfall du, kristallner Koloß!
Und immer jagst du kraftvoll und mächtig
dahin durchs einsame Felsenschloß!

Die Zeiten wechseln; kein Freudenschimmer
erhellt den früher so fröhlichen Sinn;
nur du, du brausest gleich schrecklich immer
von steiler Höhe stürzend dahin!

Die Halme welken, die Stürme tosen,
wild bäumt die Woge sich auf der See;
auf roten Wangen erbleichen die Rosen
im eiskalten Winde von Kummer und Weh.
Es brennen Tränen auf blassen Wangen,
denn keine Ruhe findet das Herz;
doch ob nun Geschlechter gekommen, gegangen,
du lachtest immer und triebst nur Scherz!

In deinen Wogen zu ruhn, ich mich sehne,
wenn einst mein Ende gekommen ist;
hier, wo gewiß kein Mensch seine Tränen
an meinem entseelten Leibe vergießt.
Und wenn die Gemeinde mit Klagen und Weinen
umsteht einen anderen toten Sohn,
dann lache du über meinen Gebeinen,
wie Riesen lachen - mit stolzem Hohn!

GRÍMUR THOMSEN

Sprengisandur[29]

Geschwind, reit geschwind, über den Sand jage hin!
Schon senkt sich die Dämm'rung auf die Berge herab,
dann sattelt ihr Roß die Bergkönigin,
und Gnade dem, der ihr kommt in den Weg!
Gott schütze all den Anhang mein,
gar lang wird die letzte Strecke sein!

Horch! Was tönt da den Rain entlang?
War´s ein Fuchs, der mit Blut den Gaumen netzt?
Oder einer Stimme tiefer Klang,
die in der Wildnis Schafe hetzt?
In der schwarzen Lava, der geächtete Mann[30]
vielleicht fängt er sein heimliches Treiben schon an?

Geschwind, reit geschwind, über den Sand jage hin,
schon schwindet die Sonn' hinter Bergen!
Viel böse Geister von den Gletschern dann ziehn,
die sich im Dunkeln verbergen!
Das beste Pferd, gern gäb ich es fort!
Wenn ich nur erst wäre an sicherem Ort[31]!

BENEDIKT GRÖNDAL DER JÜNGERE
Sonnenuntergang

Ins Meer ist die Sonne gesunken;
schon schlummern die Rosen ein.
Mich lockt ein Laut aus den Weiten,
mich lockt der Sterne Schein.

Rot schimmert es über dem Meere
und funkelt im Westen fern,
als läge mit blutigem Schilde
darüber die Hand des Herrn.

Und schwere Nebel steigen
rings aus der Erde empor,
und Elfen kommen gewimmelt
schnell aus den Wiesen hervor.

O gäb es Wahrheit drüben,
nicht Laster, Qual und Wahn,
die Menschen mit ihren Lügen,
die haben mir's angetan ...

PÁLL ÓLAFSSON
Wiesenstrophen

Hab' dir ein Bett bereitet,
und mein Herz soll's Kissen sein;
meine Arme sind gebreitet
für die müden Glieder dein.
Wirst mich küssen, eh' der Schlummer
leis in deine Augen zieht,
und ich werde ohne Kummer
singen dir mein Schwanenlied.

Singen dir von Lust und Lieben,
wie's der Lenz mit sich gebracht,
da des Lebens Frühlingstrieben
hold die Sonne zugelacht;
singen von der Söhne Grabe,
dem ich meinen Schmerz geweiht,
und von deiner Augen Labe,
die mir Kraft und Mut verleiht.

Singen von dem letzten süßen
Schlummer, der mir nicht mehr fern,
und wie ich dich dort begrüßen
möcht' als allererster gern.
Froher sing' ich meine Lieder
dort als hier am Todesstrand,
führ' ich unsre Knaben wieder
und auch dich an meiner Hand.

HANNES HAFSTEIN

Der Tonfall

Im Tonfall spielender Lieder
bade ich meinen Sinn;
ich fühle kühlende Kräfte,
mein Blut rollt leichter dahin.

Mir ist, als trügen mich Wogen,
streichelnd die Wangen heiß,
als küßten die Wellen mich traulich
und flüsterten lockend und leis.

Weit weg vom Ufer gleiten
hinaus sie in wogendem Lauf,
und Stimmen hör' ich erklingen
vom tiefen Grunde herauf.

BJARNI THÓRARENSEN

Küsse mich

Küsse mich, o Liebste mein,
 du bist krank!
Küsse mich, o Liebste mein,
 denn du stirbst!

Heiter trink' den Tod ich
 aus der Rose,
 aus der Rose
deiner Lippen;
denn der Becher ist so rein.

PÁLL ÓLAFSSON

Am Tag, da die Asche fiel

Es dröhnt die See, sie peitscht den Sand
und bricht sich an dem Strande.
Im Westen speit ein Feuerberg[32]
nun Bimsstein auf die Lande.

Der Wind verhext die salz'ge See,
bläst immerzu ins Feuer
und hüllt in Asche Hof und Gau;
es ist nicht mehr geheuer.

Doch sagt, wie kann ich um Pardon
anflehn die graue Asche?
Drum kämpf' ich wider Brandung, Wind
und Feuer - mit der Flasche.

Den ganzen Sommer trink' ich nun,
tagaus, tagein, nicht bange,
was wohl die Welt darüber spricht,
und stütze meine Wange.

Steingrímur Thorsteinsson
Schwanengesang auf der Heide

An einem Sommerabend ritt
allein ich auf öder Heide.
Kurz schien der Weg, sonst beschwerlich und lang,
denn ich hörte süßen Schwanengesang,
ja Schwanengesang auf der Heide.

Es strahlten die Berge in lieblichem Rot,
und nah und fern aus den Lüften
klang mir wie von Engelsstimmen ein Chor
im Tempel der Einsamkeit ans Ohr
der Schwanengesang auf der Heide.

So wundersam wurde ich früher nie
von einem Klange bezaubert;
im wachen Traume befand ich mich,
ich wußte nicht, wie mir die Zeit verstrich
beim Schwanengesang auf der Heide.

Jón Jónsson[33]

Bjarni Thórarensen

Dumpf in der Dämmerung
dröhnt ein Laut
aus der Gegend
des Todes her,
wo die Sonne
Schlummer sucht,
der Tag verscheidet
und Nacht nur herrscht.

Läuten vom Wolkenturm
dort im Nordwest
nicht Leichenglocken
auf Luftgebälk?
Und tragen die Wolken
nicht Totenlieder
aus der Ferne herbei
nach des Fjordes Schären?

Es ist, als flüstere
der traurige Laut
mir ins Ohr
eine Todeskunde.

Kühl weht der Nordwest,
als wär' über eine
Leiche er
soeben gestrichen.

Vom schneebedeckten
Snæfellsstrande,
so sagt er mir,
sei er gekommen.
Dort habe Ægir[34]
unter den Felsen
Jón ausgelöscht
des Lebens Licht.

Um Erlösung sie bat,
als in Leibes Banden
seine Seele
sehnend noch lag.
Er trug unwilliger
als manch einer
die Fessel der Erde
und lebte drum freudlos.

Sie selbst, die Seele,
mit ihrem Scharfblick,
war gleich bereit
zu guten Werken,

aufrichtig
und edelmütig,
Gott und alles
Gute liebend.

Frei ist sie nun,
und sie flog zu ihm,
dem heiligen Herrscher
des Lichts und des Lebens;
im Willen rein,
im Wissen vollkommen,
lenkt sie sich selbst
in der Seligkeit jetzt.

Ausgekämpft hat sie
den Kampf mit dem Leibe,
schuldfrei tritt sie
vor ihren Herrn,
der da in aller
Ewigkeit
keinen ungerecht
anklagen wird.

Dort harrt des neuen
Heims sie, das schöner
und besser auch,
als ihr altes war, sein wird:

Aus blauen Wogen
wieder erstanden,
wie einst die Welt
dem Wasser entstieg.

Indessen aber,
bis dies geschieht,
wird sanft er schlummern
am Grunde der See,
zu den Füßen unserer
Mutter Erde,
die er im Tode
jetzt umarmt.

Ich seh' einen Riß
in der schwarzen Wolke
und einen Stern
dahinter stehen.
Es ist, als säh' ich
der Ewigkeit Tag
durch eine Luke
des Grabes leuchten.

Þorsteinn Gíslasson
Die Jökulsá[35] mit der Brücke

Sie lärmt schon ganz oben im felsigen Saal
und donnert unten in des Tieflands Wüste;
vom Öræfigletscher[36] und weiter durchs Tal
durchfließt den ganzen Gau sie bis zur Küste.

Und mußt du durchs Gletschertal selber hinab,
dringt lautes Tosen dir ans Ohr zum Gruße;
hier wär' eine Strecke für lustigen Trab;
du aber mußt hinunter zu dem Flusse.

Eine Brücke liegt dort, die auf Felsen ruht,
der Lärm darunter macht dich schier erkalten,
spreng schnell auf sie zu, im Galopp, so ist's gut;
doch mitten überm Flusse mußt du halten.

Kein menschliches Wort sich Gehör hier verschafft,
so laut ist das Getose, Rauschen, Dröhnen;
sie krümmt sich und mißt an dem Fels ihre Kraft,
und dieser bebt und zittert unter Stöhnen.

Doch schau in die Schlucht von des Felsenhangs Rand:
die schmutzige Woge bäumt sich und stürzt nieder,
sie peitscht mit der schäumenden Pranke die Wand;
ein eisig Schauern geht durch deine Glieder.

Sie kämpft, wie um ledig der Fessel zu sein,
gleich einem Kämpen, der in Banden liegt.
Schon löste vom Fels sich Gestein um Gestein,
da stets die weiche Woge ihm obsiegt.

Und schau, wo sie stürzt aus der düsteren Klamm,
wie sie die Ufer packt voll Grimm und Tücke,
wie gleich einer Riesin im schmutzigen Schlamm
sie trabt und wühlt und alles reißt in Stücke.

Such nie auf solch einem Grund deinen Pfad,
denn sogleich versinkt dein Pferd im Sande,
dich aber erwartet ein leidiges Bad;
sie netzte manchen Pelz schon hier im Lande.

So tief scheint sie nicht, doch zu traun ist ihr nicht;
gar viele mußten dies auch schon bekunden;
dort wo an den Ufern die Woge sich bricht,
hat mancher schon den bitteren Tod gefunden.

Zur Tauzeit rasende Wut in ihr wühlt,
dann sprengt sie rasch des Eises mächtige Bande;
den Bauern des Gaus sie die Füße bespült
und überschwemmt den Grund mit Kies und Sande.

Im Sommer, wenn's blüht auf den Hängen im Tal
und linde Wärme herrscht zu beiden Seiten,
braust gletscherkalt sie durch der Felsenklüfte Saal
und atmet eisige Kälte in den Weiten.

Doch sooft ich sie seh', macht sie Freude mir,
da stets mit neuer Kraft sie mich durchdrungen,
wie eine gewaltige Ader, die dir,
Island, aus der Gletscherbrust entsprungen.

JÓNAS HALLGRÍMSSON

Gunnars Insel[37]

Schon will die Sommersonne niedersinken,
die noch mit goldig roter Glut umwallt
des Eyjagletschers[38] silberblaue Zinken.

Im Osten steht sie dort, die Berggestalt,
und kühlt ihr Haupt, so licht und hoheitsvoll,
im Quell des Äthers, herrlich-klar und kalt.

Der Wasserfall hält mit dem Felsentroll
laut Zwiesprach', wo die beiden Zwerge sitzen,
das Gold bewachend, das dort liegen soll.

Hier stehn die Tindafjöll[39] mit ihren Spitzen,
den grünen Gürteln und den dunkelblauen
Prachtmänteln; ihre Firnschneehelme blitzen.

Von ihrer lichten Höhe überschauen
die Hochlandwässer sie, die tief gebläut
herniederfließen durch die grünen Auen.

Wo kleine Bauernhöfe, rings zerstreut,
so traut in Fluren liegen, bunt an Blüten.
Vom Norden her der Heklagipfel[40] dräut.

Eis lagert oben, unten Flammen wüten
in grauser Tiefe, wo in Fesseln, bleich,
nun lang schon Tod und Schrecken lauernd brüten.

Hoch in den Lüften blinken, Spiegeln gleich,
achatne Dächer über schwarzem Saal;
ein Bild erschaust du hier, gar anmutreich:

Vom Markarfljót[41] durchbraust, ein waldig Tal
mit Ackerfeld; den Fluß entlang erstrecken
die schönsten Wiesen sich in großer Zahl;

gleich buntgestickten Teppichen bedecken
die Ufer sie. Die gelben Klauen krallt
schon beutefroh der Aar, der Fische Schrecken;

denn fischreich ist der Fluß, so klar und kalt;
ein Drosselschwarm sich in die Lüfte schwingt
und aus dem Walde froher Jubel schallt.

Zwei Rosse, aufgezäumt zur Reise, bringt
geführt man von dem Herrensitze droben,
wohin der Brandung fernes Brausen dringt.

Denn mildes Wetter selbst kann nicht das Toben
der See versöhnen, das auf Eyjasand
mit Ráns[42] beständigem Weltkrieg angehoben.

Ein Schiff mit schönen Borden liegt am Strand,
vom Schnabel dräuen eines Drachen Schrecken,
die Segel an der Raa, vertaut ans Land.

Entführen soll's zwei Brüder, edle Recken,
auf daß sie lange nicht mehr oder nie
erschaun der Heimat grüne Rasendecken.

Daß fort das Paar in fremde Lande zieh',
verbannt und freudlos leb' in künft'gen Tagen:
das Urteil war gesprochen über sie.

Die herrlichen Waffen werden getragen
vom Hofe jetzt; man sieht im Abendschein
fort Gunnar mit der Hellebarde[43] jagen.

Auf rotem Zelter sprengt dicht hinterdrein
ein Mann mit blauem Schwerte an der Seite;
man kennt ihn gleich, Kolskegg, den Bruder sein.

So reiten sie hinab die grüne Leite;
schon sind beim Flusse sie, und unverwandt
blickt Kolskegg nach dem Sund hinaus ins Weite.

Doch Gunnar schaut noch einmal auf das Land:
Da gilt's ihm gleich, ob auch der Tod ihm werde,
will's das Geschick so, bald von Feindeshand.

Nie, ruft er, sah ich schöner dies Stück Erde;
die rote Blume blinkt im gelben Hage,
zerstreut auf breiten Weiden geht die Herde.

Hier will beschließen ich die Lebenstage,
die noch beschieden mir. Ich bleib' im Land!
Leb wohl, mein Bruder! - Dies ist Gunnars Sage.

Gunnar verschmähte Heil an fremdem Strand;
er hat den Tod im Lande vorgezogen.
Es ließ der Held in grimmer Feinde Hand
sein Leben bald, durch schlaue List betrogen.
Lieb dünkt mir Gunnars Sage, wenn im Sand
ich stehend staune, wie der Macht der Wogen
der Gunnarsholm, so niedrig er auch liegt,
in seinem grünen Schmucke noch obsiegt.

Durch Sand rollt jetzt die Þverá[44], wo einmal
es Äcker gab, umsäumt von grünen Auen;
des Stroms Verheerung in dem schönen Tal
im Sonnenrot die alten Berge schauen.
Die Zwerge flohn, der Felstroll starb, und Qual
der Not herrscht drückend in den öden Gauen;
doch schirmt den Ort geheimnisvolle Macht,
wo Gunnar umgekehrt trotz seiner Acht.

Bjarni Thórarensen

Fljótshlíð[45]

Ein wüster Fleck
ist Fljótshlíð geworden,
das einst so wunder-
lieblich gewesen!
Bergkies umfließt
die Flüsse jetzt,
die ehemals auf grünem
Grasfeld gestanden.

Gunnar vom hohen
Grabhügel sieht
die früher so schönen
Steige verblaßt,
und er bereut's jetzt,
daß er zurückkam,
um in so öder
Erde zu ruhen.

JÓN THÓRODDSEN

An die Wolke

Du Wolke im Süd,
was will mir so müd'
und finster dein Blick erscheinen!
Es drückt wohl auch dich
ein Kummer, wie mich,
denn, wirklich, ich sehe dich weinen.

Und leicht, wie ich mein',
mag's wandern doch sein
auf hellen Himmelswegen;
indessen sich hier
bald ein Hindernis mir,
bald Dunkelheit stellen entgegen.

Schnell segelnd im Wind,
entflieh nur geschwind
der Welt des Kummers du wieder!
Denn jeder, der da
der Erde zu nah,
muß allzu oft netzen die Lider.

GRÍMUR THOMSEN

Runenspiel

Heming reitet die Kluft hinan,
liebliche Saiten erklingen,
Bergfrau greift in die Harfe, doch kann
kein irdisch Aug' zu ihr dringen ...
    Zauberrunen schlägt sie.

Als sie geschlagen den ersten Schlag,
liebliche Saiten erklingen,
horchten die Tiere verwundert im Hag,
ließen das Weiden und Springen ...
    Zauberrunen schlägt sie.

Als sie den Schlag dann, den zweiten, schlug,
liebliche Saiten erklingen,
zuckte der Falke mitten im Flug,
streckte gelähmt seine Schwingen ...
    Zauberrunen schlägt sie.

Als der Schlag dann, der dritte, geschehn,
liebliche Saiten erklingen,
traf er die Fische in Flüssen und Seen,
daß sie im Schlamm sich verfingen ...
    Zauberrunen schlägt sie.

Und Blumen blühten im Walde auf
und es flammte vom felsigen Saume,
Heming spornte sein Roß im Lauf,
hielt es nicht länger im Zaume ...
    Zauberrunen schlägt sie.

Da lohte der Berg, licht ward es im Tal
und es blitzten viel edle Gesteine!
Aufsprangen die Pforten zum Disensaal[46]
und strahlten in spiegelndem Scheine ...
    Zauberrunen schlägt sie.

Heming spornte sein Pferd mit Gewalt,
riß es hinab zum Schlunde.
Die Bergfrau lockte und lachte kalt
unten auf flimmerndem Grunde ...
    Zauberrunen schlägt sie.

Bjarni Thórarensen
Gedicht an Sigrún

Du klagst, daß so schlecht deine Schrift sei,
und bittest mich um Vergebung,
weil die Tintenpfade
das Papier nicht zieren!
Bat denn je die Rose,
wenn sie, bewegt vom Winde,
Runen schrieb in den Meersand
daß man ihr verzeihe?

Und führt kein so fester Zug auch
die Federstriche, wie etwa
die Eisenstange in starker,
straffer Hand eines Riesen,
so ist's doch schwerer, die Feder
mit Blumenzangen zu lenken,
als mit knotigen Knöcheln
den schwachen Kielschaft zu führen.

Steingrímur Thorsteinsson
In der Lavawüste

Die Lava glänzt im warmen
zitternden Sonnenschein;
von schwarzen Kieseln glitzert's
beim Moosgrund im Gestein.

Die dunkle, graue Wüste
mein Auge tief verdrießt,
wenn auch die Tagessonne
ihr Gold darübergießt.

Ich reite in der Hitze
nur sacht voran die Spur;
kein Plätzchen, das mir riefe:
Hier! Freu dich der Natur!

Und alles kahl und öde,
so weit das Auge schaut,
kaum irgendwo ein Grashalm
und etwas Heidekraut.

Es lacht vom blauen Himmel
der holde Sonnenschein,
die Lava, mir zu Füßen,
stimmt nicht ins Lachen ein.

Und strahlt auch eine Weile
der Sonne freundlich Licht,
sie kann doch nicht verschönen
der Lava streng Gesicht.

Ein wenig ist doch etwas;
drum, mit Verlaub: ich mein',
es mag die Lavawüste
beinah' erträglich sein.

Ich bin auch so zufrieden
und dank' es, Sonne, dir:
dich hab ich ja zu Häupten,
die Lava unter mir.

Drum laß mein Pferd ich traben
den schweren Weg entlang,
dir, Lava, sei vergeben,
du, Sonne, habe Dank!

STEINGRÍMUR THORSTEINSSON
Blaue Augen

Von allem Blau die schönste Pracht,
mein Lieb, aus deinen Augen lacht.
So blau ist selbst der Himmel nicht,
so blau ist kein Vergißmeinnicht.

Woher dies Blau, das jeden Mann
bestrickt mit süßen Zaubers Bann?
Von deiner Liebe, heiß und rein,
vom truglos treuen Herzen dein.

Steingrímur Thorsteinsson
Schwarze Augen

Wenn dich meine Arme fest umfangen,
schönste Maid, des Südens Töchtern gleich,
und an mir dann deine Augen hangen,
wie die Nacht, so schwarz und träumereich,

fesselt meine trunkne Seele immer
ein aus Himmelsglanz und Erdenbrand,
Anmutsschatten, Liebesstern-Geflimmer,
Licht und Dunkelheit gewebtes Band.

Steingrímur Thorsteinsson
Des Mädchens Angesicht

Auf ihren Lippen, ihren Wangen
die wunderschönsten Rosen prangen,
und ihre Augen, blau und klar,
sie sind ein funkelnd Sternenpaar.
Wie nah' doch ist der Rose Zier
dem Glanz des Sternenhimmels hier!
Es zeigt ihr Angesicht vereint,
was auf der Erde und am Himmel
uns als das Lieblichste erscheint.

Steingrímur Thorsteinsson

Der Name

Du schriebst wohl meinen Namen
in weißen Meeressand;
doch, ach, die Wogen kamen -
und spurlos er verschwand.

Du ritztest auf der Insel
in Schnee und Eis ihn ein;
da schwand er im Gerinnsel
beim warmen Sonnenschein.

Schnittst einem Birkenstamme
ihn ein, an Tücken reich;
dort schwand er in der Schramme
mit deiner Treu zugleich.

Betrübt und traurig wein' ich;
nun kennst du ihn nicht mehr;
an zu viel Orten, mein' ich,
stand wohl geschrieben er.

An jedem, bis auf einen:
nur nicht im Herzen dein.
Ich aber schnitt den deinen
allein ins Herz mir ein.

JÓN THÓRODDSEN

Reiterlied I

Rein're Freude kenn' ich keine,
köstlich're, im Land der Fröste,
als auf edlem Hengst zu sprengen
über ebnen Grund am Abend;
Zwerge brummen tief im Berge,
Riesen brüllen in den Höhlen,
schnelle Hufe hellen Funken-
hagel aus den Steinen schlagen.

Jón Thóroddsen

Reiterlied II

Steine sprühn vom Wege,
es schnauft im Lauf der Renner,
nasse Nüstern prusten,
daß Nebel hoch entschweben;
Hügel, Felsen fliegen,
Erde fährt zusammen;
kalte Klippen erhalten
heißen Kuß vom Eisen.

Steingrímur Thorsteinsson
Nach Sonnenuntergang

Wie hell ihr schimmert
am blauen Himmel
der gesunkenen Sonne nach,
in heiterer Ruhe,
am Rand des Meeres,
goldgeschmückte Wolken!

Ihr glänzt wie Träume,
ihr Goldbeschwingten,
des Westens Wege ziehend.
So hell strahlt das Schöne
am Himmel der Wahrheit
im Land der Ideale.

Spielt noch ein Weilchen
mit wechselnden Lichtern,
ihr wonnig glänzenden Wolken!
Bis euch in sanften
Schimmer verwandelt
die tiefer sinkende Sonne.

Ein himmlisch reiner
Hauch aus der Geisterwelt
breitet sich über die Berge,
als umwebten im Traum sie
die duftigen Farben
aus lichten Landen der Seligen.

Glanzverklärt, blauend,
durch Purpurschleier,
winken sie weit herüber,
wo flimmernd die ruhige
Fläche des Meeres
am äußersten Horizont endet.

Noch sitz' ich hier,
wo das Meer die großen
Strandgesteine umspült,
und trinke entzückt
den zaubrisch-schönen
Anblick mit Augen und Seele.

O Wunderstille!
O Abendmilde!
O himmlisch-here Schönheit!
Es ist, als fiele
aus der Ewigkeit
ein Lichtstrahl auf unsere Erde.

Schon dämmert's mählich;
doch des Tages Schimmer
wacht noch drüben im Westen,
und mein Auge weilet
mit Wonne noch
auf den herrlichen Bergen.

Die Seele folgt
dem fliehenden Tag
trunken in Schönheitsträumen,
bis selbst sie mit ihm
hinsinkt in die himmlischen
Arme der kühlen Nacht.

Jón Thóroddsen
Unter den Svörtuloptklippen[47]

Es wachet Tod, der düstre, Näch' und Tage
hier unter schwarzen Klippen tückisch lauernd,
in seiner Hand ein Schreckensschwert, daß schauernd
zusammenschrickt das Menschenherz, das zage.

Bei ihm am Felsenwall mit wüt'gem Schlage
tobt Well' auf Well' in unheilvoller Eile
und türmt aus weißem Schaume eine Säule,
daß über Leichen sie als Denkmal rage.

Hier liegst du längst im grünen Meeresbette,
du Sohn von Ísafjord[48], geliebt von allen.
Den in der Mannesblüt' der Tod erbeutet.

Schlaf' ruhig, und auf deine Schlummerstätte
laß ihren Rosenschmuck die Sonne fallen,
wenn abends in die kühle Flut sie gleitet.

Steingrímur Thorsteinsson
Die Tiefe des Himmels

Rings umragt von grünem Wald,
ruh' ich hier im Moos;
über mir der blaue Dom,
klar und wolkenlos.

Und in deine Tiefe schau
selig ich hinein,
Himmel, da dein Blau du mir
beutst so voll, so rein.

Dir nur kehrt mein Aug sich zu,
mein Gedankenflug;
kann in deinen Frieden nicht
tauchen tief genug.

Immer höher schwebt mein Geist,
der nach Ruh' begehrt ...
laß mich, laß vergessen mich,
was mein Herz beschwert!

Mich vergessen und die Welt,
von der Menschheit fern
fühlen mich an deiner Brust
näher Gott, dem Herrn!

JÓN ÓLAFSSON

Die Schlittenfahrt

Der Mond schaut lächelnd hernieder
vom grauen Wolkenrand:
er gießt auf den Schnee sein Silber
und legt sich breit übers Land.

Der Uhu schreit auf dem Aste,
Wolfsgeheul fernher schallt;
unheimlich ist es und schaurig
im einsamen, finsteren Wald.

Die Schellen läuten und klingeln,
es raucht der Rappe von Schweiß;
und knirschend fliegt der Schlitten
dahin über Schnee und Eis.

Hoch ragen die Wipfel der Eichen,
beraubt ihrer Blätter Zier,
und werfen gewaltige Schatten
quer über den Fahrweg mir.

Von Ost über Allegheny[49]
und über die See gar weit
kommt der sausende Nachtwind gezogen
und gibt mir sein wildes Geleit.

Ja, vom atlantischen Meere,
von Islands Gletscherstrand
fährt Kári[50] in kaltem Sause
wild über Meer und Land.

Dann neigt er den Mund mir zum Ohre
und flüstert mir zu so viel.
Ist's ein Traum von begrabener Hoffnung?
Treibt gar schon der Tod sein Spiel?

Ich schmieg' mich in Büffeldecken;
und geisterhaft heult der Wind.
Nur hurtig voran, mein Rappe!
Nach Hause, nach Hause geschwind!

PÁLL JÓNSSON

Die Rose

Des Morgens einst, als Sonnenschein
vergoldete den grünen Grund,
erging ein Mädchen sich im Hain,
wo eine schöne Rose stund.

Doch sterben sollt' zur selben Frist
die Rose schön; so wollt's die Maid.
Sie sprach: du Blume hold, es ist
vorbei des lichten Lenzes Zeit.

Sollst sterben drum noch jugendrot;
die Wetterschauer sind zu hart;
auch würdest du vom Frost bedroht,
und bist doch gar so jung und zart.

Und von den festen Wurzeln pflückt
das Mägdelein die Blume dann.
Im Tod noch lächelnd schaut beglückt
in sanfter Ruh' sie himmelan.

Der Rose Blätter schlossen sich,
und tot war sie zur selben Stund.
Die Sonne aber minniglich
küßt Röslein auf des Mädchens Mund.

Kind, dem noch Kummer fremd und Leid,
dem Röslein gleich wird Gutes dir,
trägt dich noch in der Blütezeit
der Todesengel fort von hier.

Þorsteinn Erlingsson

Die Bedingungen

Wenn dir nicht graut,
die Teufel alle beisammen zu sehn,
die Würden abgeschafft,
die noch auf Erden bestehn,
die Säulen umgestürzt,
die stützen den Himmel hier,
dann will ich singen gern
mein Lied und sitzen bei dir.

Und wenn den Herrn du hassest,
der in Fesseln dich hält,
dich zwingen will, sonst nichts
zu lieben als ihn auf der Welt,
der Lob von feigen Knechten
kauft aus Ruhmesbegier;
dann will ich auch aus ganzem
Herzen hassen mit dir.

Doch liebst du den, der lachend
schüttelt der Knechtschaft Band,
der da nicht kriechen wollt'
noch küssen des Herrschers Hand,

stolz bis zum jüngsten Tage
trägt die Fessel als Zier:
dann will auch ich vom ganzen
Herzen lieben mit dir.

Gelüstet dich's, gelöst
des Lebens Rätsel zu sehn,
und willst vorerst du gründlich
ihre Fibel verstehn,
und liest durch andrer Glas nicht
falsch dabei du und irr:
dann will ich gern auch
lernen und lesen mit dir.

Und schreitest auf des Schicksals
Bahn deinem Endziele du
gradaus und nicht die breite
Straße auf Umwegen zu,
ist „Über Stock und Stein"
der Spruch auf deinem Panier:
dann will ich gern den stein'gen
Weg auch wandern mit dir.

Und möchtest du aufs Meer,
wenn hoch die Wogen auch gehn,
und hast dich nicht mit Ewig-
keitspolicen versehn,

und fährst du kühn dann über
all der Riffe Gewirr:
dann will ich übers ganze
Meer auch segeln mit dir.

Und sinkt zuletzt die schwarze
Nacht hernieder aufs Land,
und siehst, von Wogen umbrandet,
nirgends du einen Strand:
laß treiben auf gut Glück
dein Boot in des Zufalls Revier,
und ich will gern auf schwarzer
Tiefe segeln mit dir.

KRISTJÁN JÓNSSON

Herbst

Die Rose erbleicht,
es welkt das Blatt
an den müden Birkenzweigen;
da wird auch das Herz
mir trüb und matt,
will kein Hoffnungsstrahl sich zeigen.

Die Dichter

BENEDIKT GRÖNDAL DER JÜNGERE

* 06. Oktober 1826 in Bessastaðir
† 02. August 1907 in Reykjavík

Benedikt Gröndal der Jüngere stammte aus einer schriftstellerisch vorbelasteten Familie. Sein Vater, Sveinbjörn Egilsson, war Lateinlehrer an einer der angesehendsten isländischen Schulen und übersetzte nicht nur zahlreiche Klassiker ins Isländische, sondern schrieb selbst sehr viele Gedichte. Dabei ließ er sich stark von Benedikt Gröndal dem Älteren beeinflussen, seinem späteren Schwiegervater. Der jüngere Benedikt studierte in Kopenhagen Naturgeschichte, altnordische Mythologie und Kulturgeschichte. Nach Island zurückgekehrt arbeitete er wie sein Vater hauptberuflich als Lateinlehrer. Schwerpunkte seines schriftstellerischen Schaffens waren Prosa und Lyrik, darunter die vielbeachtete Parodie auf die altüberlieferte Sagaliteratur „Die Schlacht auf dem Helfeld", eine bizarre Begegnung von Vergangenheit und Gegenwart, Phantasie und Wirklichkeit, zeitgenössischen und historischen Persönlichkeiten. Fünf Jahre lang gab Benedikt Gröndal das Jahrbuch „Gefn" heraus, eine Zeitschrift für Wissenschaft, Literatur und Poesie, die er vollständig allein verfaßte. Hier erschienen zahlreiche seiner Gedichte und Aufsätze, darunter die politische Abhandlung „Freiheit - Aufklärung - Fortschritt", in der er sich, wenn auch vergeblich, um die Harmonisierung der dänischen und isländischen Anschauungen bemühte.

Bjarni Thórarensen

* 30. Dezember 1786 in Brautarholt
† 24. August 1841 in Möðruvellir

Bjarni Thórarensen, Sohn eines höheren Beamten, wurde von einem Pfarrer und von einem Bischof unterrichtet und studierte in Kopenhagen Jura. Danach arbeitete er als Richter am Oberlandesgericht in Reykjavík, die letzten Lebensjahre war er Landrat in Nordisland. Sein Gedicht „Die goldenen Hörner" kennzeichnet den Beginn der literarischen Nationalromantik in Island. Darin stellt er zwei goldene, teils runenverzierte Hörner aus der Völkerwanderungszeit, die 1639 und 1734 bei Gallehus in Schleswig gefunden worden waren, aus Anlaß ihres Diebstahls aus der königlichen Kunstkammer in einen neuen, romantischen Zusammenhang: Die Hörner seien eine Gottesgabe gewesen, um die Menschen an ihre halbvergessene Vorzeit zu erinnern, und da sie dies nicht erkennen konnten, hätten ihnen die alten Götter die symbolische Gabe wieder genommen. Seine zumeist isländischen Stoffe behandelte er mit großer Gefühlstiefe und ausgeprägtem Nationalstolz, er war der erste isländische Dichter, der in größerem Ausmaß die reizvolle Landschaft seiner Heimat schilderte. „Eldgamla Ísafold" („Uraltes Island"), das Heimwehgedicht eines Jünglings im berglosen dänischen Nebelland, wurde Islands erste Nationalhymne. Bjarni Thórarensen versuchte, durch die Erinnerung an glorreiche historische Zeiten ein isländisches Nationalgefühl zu wecken. Eine dänische Zeitschrift beschrieb einst seine Poesie: „Das Gebirge hat ihr seine Erhabenheit, der Wasserfall seine Energie, der Vulkan sein Feuer und der Schnee seine Reinheit verliehen."

GRÍMUR THOMSEN

* 15. Mai 1820 in Bessastaðir
† 27. November 1896 in Bessastaðir

Grímur Thomsen, Sohn des Verwalters der höheren Schule am Geburtsort, wurde von Probst Árni Helgason unterrichtet und studierte bereits mit 17 Jahren in Kopenhagen Philosophie, Philologie, Ästhetik und Literatur. Für eine Schrift über den englischen revolutionären Romantiker Lord Byron (1788-1824) erhielt er den Doktortitel, danach ein Reisestipendium, das ihm ausgedehnte Reisen nach Deutschland, Frankreich und Großbritannien ermöglichte. Als eingeschriebenes Mitglied der Skandinavischen Gesellschaft trat er für die „Verbrüderung" der skandinavischen Völker ein. Nach fast 20jährigem diplomatischen Dienst für den dänischen König kehrte er in seine Heimat zurück, wo er fortan ohne größere Auslandsreisen auf dem Lande lebte. In seinen romantischen Gedichten dominieren altisländische Stoffe und Helden sowie die isländische Natur. Er schrieb zwar sein Leben lang Gedichte, veröffentlichte jedoch erst 60jährig ein erstes kleines Heft. Er übersetzte zahlreiche Werke europäischer Literaturen ins Isländische, darunter als erster Werke von Goethe, außerdem von Andersen, Schiller und Euripides. Kurz vor seinem Tod gab er einen weiteren, umfassenderen Band heraus, der Rest seines literarischen Schaffens wurde erst posthum veröffentlicht. In deutscher Sprache erschienen zahlreiche Gedichte in nahezu allen grundlegenden Reisewerken und Sammelbänden über das frühe Island (Joseph C. Poestion, Margarete Lehmann-Filhés, Philip Schweitzer u. a.) sowie literarische Essays wie z. B. „Über Bjarni Thórarensen" (1849) oder „Charakteristik der isländischen Literatur" (1850).

Hannes Hafstein

* 04. Dezember 1861 in Möðruvellir
† 13. Dezember 1922 in Reykjavík

Hannes Hafstein studierte als Sohn eines höheren Beamten in Kopenhagen Jura und wurde zunächst Landrat im Westen der Insel, in Ísafjörður. Im Jahre 1904 ging nach langen Unabhängigkeitsbestrebungen die exekutive Macht des Parlaments von Kopenhagen nach Reykjavík über, und Hannes Hafstein wurde Islands erster Minister. Zu seinen wichtigsten politischen Leistungen zählen die Anbindung der Insel an das internationale Telegrafennetz, die Einführung der Schulpflicht, Vorbereitungen zur Gründung der Universität von Reykjavík sowie Gesetze zur Landrückgewinnung und Wiederaufforstung. Damit legte er den Grundstein zur noch heute aktiven ökologischen Bewegung auf der Insel. Ein Verfassungsentwurf, den er im Wesentlichen mit dem dänischen Ministerpräsidenten Christensen ausgearbeitet hatte, sollte Island weitestgehend zu einem unabhängigen und freien Land erklären; seinen Landsleuten ging der Kompromiß mit Dänemark jedoch nicht weit genug, sie lehnten ab. Daraufhin trat Hannes Hafstein von seinem Amt zurück. In seinen realistischen Dichtungen dominieren die Themen Liebe und isländische Natur. Literarisch gilt er als perfekter Formkünstler. Für die Zeitschrift „Verðandi" („Gegenwart"), welche die damals neue literarische Richtung des Realismus in Island einführte und deren Mitbegründer er war, schrieb er das feurige Eröffnungsgedicht „Sturm". Als Nachdichter wendete er sich vor allem Heinrich Heine zu. In seinen späten Jahren wurde seine literarische Schaffenskraft durch das Ministeramt weitgehend eingeschränkt.

HJÁLMAR JÓNSSON

* 06. Februar oder am 29. September 1796 in Halland
† 25. Juli oder am 05. August 1875 in Brekkuhús

Hjálmar Jónssons Mutter - eine Bettlerin - hatte auf dem Hof Halland um eine Übernachtungsmöglichkeit gebeten und in der Nacht dort ihren unehelichen Sohn zur Welt gebracht. Er wurde von einer Bauernwitwe aufgezogen und mußte sich autodidaktisch bilden. Als Kleinbauer, Schmied und Schreiner verbrachte er ein äußerst ärmliches Leben. In seinen Gedichten finden sich sowohl beißende Satire auf seine Umgebung und die Umstände seines Lebens, als auch liebevolles Empfinden für seine Ehefrau. Als ihm und seiner hungernden Familie beispielsweise nach 15 Jahren Ortsansässigkeit eine Wohlfahrtsunterstützung verweigert wurde, schrieb er auch darüber ein Gedicht, das sich - wie viele andere auch - als Kritik weniger an den sozialen Verhältnissen denn an den Personen seiner engeren Heimat offenbart. Er befaßte sich aber auch mit Holzschnitzerei und zeichnete Volkssagen auf. In Anlehnung an einen seiner wechselnden Wohnsitze wurde er Bólu-Hjálmar genannt. Nach dem Tod seiner Frau trat eine Lähmung der linken Hand ein, was den Vater von sieben Kindern an der Ausübung des Handwerks erheblich behinderte. Der Hunger wurde zum stetigen Begleiter der Familie. Seine Grabschrift, die er selbst verfaßte, spricht von „Spott, Verhöhnung, Armut und Lumpenstreichen", von einem „Stiefsohn dieser Welt, den gebrochen hat die Last des Lebens". Zu seinen Lebzeiten veröffentlichte er nur einige wenige Gedichte, eine größere Sammlung, zusammengestellt von Islands erstem Minister Hannes Hafstein, erschien erst posthum.

JÓHANN MAGNÚS BJARNASON

* 24. Mai 1866 in Meðalnes
† 08. September 1945 in Elfros/Kanada

Die Familie des Bauernsohns Jóhann Magnús Bjarnason wanderte 1875 in einem größeren Übersiedlungsstrom nach Kanada aus, getrieben von schlechten wirtschaftlichen Verhältnissen, Naturkatastrophen und Epidemien. Die Gesamtbevölkerung der Insel verringerte sich damals um 21 Prozent. Neben Wisconsin und Dakota wurde das kanadische Gebiet westlich des Sees Winnipeg Hauptsiedlungsgebiet. Ein Abkommen mit der kanadischen Regierung garantierte den Siedlern die vollen Bürgerrechte und das Privileg, ihre eigene Sprache und Nationalität beibehalten zu dürfen. Nach der Auswanderung blieb Jóhann Magnús Bjarnason bis 1882 in Novia Scotia. Er ging anschließend nach Winnipeg, wo er Pädagogik studierte und ab 1889 als Lehrer arbeitete. Der literarische Autodidakt begann mit Gedichten und Erzählungen, später folgten Romane, Memoiren, Märchen und Kindergeschichten. Häufige Themen seiner Werke sind die Erlebnisse isländischer Einwanderer in Kanada. In deutscher Sprache erschienen einzelne Gedichte in Anthologien, darunter auch jenes, das die Überschrift „Er sehnt sich heim" trägt und seine auch spätere Verbundenheit mit der isländischen Heimat dokumentiert. Darin heißt es u. a.: *Sie gaben ihm Würden und Gold / und fruchtgesegnetes Land; / doch sehnt er sich, sehnt er sich heim / nach dem luftreinen, heimischen Strand.*

Jón Ólafsson

* 20. März 1850 in Kolfreyjustaður
† 11. Juli 1916

Jón Ólafsson kam als Sohn eines Priesters im Osten Islands zur Welt und fühlte sich wie sein Bruder Páll zur Literatur hingezogen. Die Lateinschule verließ er vorzeitig, um sich fortan ganz dem Schreiben zu widmen. Zunächst wurde er Redakteur der neu gegründeten Zeitschrift „Baldur", wo ein provokantes Gedicht gegen die dänische Fremdherrschaft zu einer seiner ersten Veröffentlichungen zählte. Der mit der Veröffentlichung einhergehenden gerichtlichen Verfolgung entzog er sich durch Flucht nach Norwegen. Nach dem Freispruch und seiner Rückkehr gründete er sein eigenes Blatt mit dem Namen „Göngu-Hrólfur". In dessen Eröffnungsnummer stellte er sich seinen Lesern vor: „Meine isländischen Landsleute! Ihr wißt, wer ich bin. Ihr kennt mich, der einen blitzheißen Feuerstrom in seinen Adern hat!" Allein - der blitzheiße Feuerstrom in seinen Adern brachte ihn auch zukünftig häufig in Konflikt mit der Obrigkeit, Jón Ólafsson verließ kurz darauf das Land Richtung Alaska. Er kehrte noch einmal zurück, kaufte eine Druckerei und gab eine neue, viel beachtete Zeitschrift heraus, in der er auch eigene Werke publizierte. Mehrere Jahre war er neben seiner schriftstellerischen Beschäftigung als Lehrer und Mitherausgeber weiterer Periodika tätig, ehe er 1890 endgültig dem allgemeinen Aussiedlerstrom nach Winnipeg in Kanada folgte. Auch hier wurde er Redakteur für diverse isländische Zeitschriften, später auch für das Blatt „Norden" in Chicago. In Winnipeg gab er auch einen erweiterten Band seiner Gedichte heraus, allerdings verbrannte die Ausgabe fast vollständig.

Jón Thóroddsen

* 05. Oktober 1819 in Reykhólar
† 08. März 1868 in Leirá

Jón Thóroddsen, der Sohn eines Böttchers, besuchte u. a. die Lateinschule zu Bessastaðir und studierte in Kopenhagen Jura. In diese Zeit (1848/49) fallen auch seine Mitherausgeberschaft des politisch-belletristischen Jahrbuchs „Norðurfari" und eine kurze Militärdienstzeit im dänischen Heer, während der er als Freiwilliger am Schleswig-Krieg teilnahm. Als er 1850, ohne sein Studium abgeschlossen zu haben, nach Island zurückkehrte, wurde er mit der provisorischen Verwaltung des Landkreises Barðastrandar-Sýsla betraut. Nach Abschluß des sehr spät abgelegten Examens in isländischem Verwaltungsrecht stand er die letzten sieben Jahre seines Lebens dem Landkreis Borgarfjarðar-Sýsla vor. Seine Begeisterung dafür hielt sich jedoch in Grenzen. Bekannt und beliebt wurde er als Lyriker und Erzähler. Mit „Jünglinge und Mädchen" schuf er seinen ersten isländischen Roman. „Mann und Frau", sein zweiter, größerer und reiferer Roman, vermochte er nicht mehr zu vollenden. Beide Romane sind Liebesgeschichten mit glücklichem Ausgang, romantisch gefärbt im Handlungsverlauf, jedoch wirklichkeitsverbunden in den Milieu- und Menschenschilderungen. Seine oft humorvollen Gedichte gelten als form- und sprachvollendet, als seine Vorbilder gab er Bjarni Thórarensen und Jónas Hallgrímsson an. In deutscher Sprache erschienen: „Jünglinge und Mädchen" (Roman, 1883), „Die steinerne Frau" (Reisebericht, 1886), außerdem einzelne Gedichte in nahezu allen frühen Reise- und Literaturwerken über Island. Eine vollständige Ausgabe seiner Gedichte erschien in Island erst nach seinem Tod.

JÓNAS HALLGRÍMSSON

* 16. November 1807 in Hraun
† 26. Mai 1845 in Kopenhagen

Jónas Hallgrímsson, Sohn eines Hilfsgeistlichen, studierte nach dem Besuch der Lateinschule Jura, Naturwissenschaften und Literatur in Kopenhagen. 1835 gründete er mit Gleichgesinnten die erste literarische Zeitschrift Islands, „Fjölnir", deren Ziel es u. a. war, die Nation aus der gesellschaftlichen Erstarrung herauszuführen und ihr Selbstbewußtsein wiederzuerwecken. Dort erschien auch die Mehrzahl seiner Gedichte und Erzählungen. In seiner Lyrik beschrieb er hauptsächlich die landschaftlichen Schönheiten Islands. Vorbild für die eigene satirische Dichtung war Heinrich Heine, den er auch in einer der ersten Ausgaben des „Fjölnir" in Ausschnitten übersetzt hatte. Seine Kunstmärchen entstanden unter dem Eindruck Hans Christian Andersens. Er gilt nicht nur als einer der Begründer der modernen isländischen Prosa, sondern auch als Wegbereiter und zugleich Höhepunkt der isländischen Romantik. Nachdem er mit der naturkundlichen Beschreibung Islands beauftragt worden war, bereiste er von 1837 bis 1842 Island, beendete seine Arbeit allerdings nicht. Eine Zeile aus seinem Gedicht an Paul Gaimard („Vísindin efla alla dáð" - „Wissenschaft fördert alles Tun") wurde zum Motto der Reykjavíker Universität. Er kämpfte für die politische Unabhängigkeit Islands und wurde auf dem Nationalfriedhof Þingvellir beigesetzt, eine Ehre, die außer ihm bisher nur noch dem Dichter Einar Benediktsson zuteil wurde. In deutscher Sprache erschien neben zahlreichen Gedichten in Anthologien und frühen Reiseschilderungen die Erzählung „Auf der Moossuche" (1897).

KRISTJÁN JÓNSSON

* 13. Juni 1842 in Krossdal
† 09. April 1869 in Vopnafjörður

Kristján Jónsson wurde als Sohn eines armen Bauern geboren, der fünf Jahre nach seiner Geburt starb. Nachdem er notdürftig Lesen und Schreiben gelernt hatte, mußte er sich schon in jungen Jahren als Knecht verdingen. In dieser Zeit erlernte er vier Fremdsprachen, so daß er Dichtungen in dänisch, schwedisch, englisch und deutsch lesen konnte, darunter Werke von Lord Byron und Heinrich Heine. Nach der Veröffentlichung seines Gedichts „Dettifoss" wurde Kristján Jónsson schlagartig zum Volksdichter. Mehrere hochgestellte Persönlichkeiten versuchten, durch diverse Zuwendungen seinen Lebensunterhalt zu sichern und ihm eine Schulbildung zu ermöglichen. So begann er 24jährig die erste Klasse der Lateinschule, hielt jedoch nur drei Jahre durch. Zum einen erwies sich die zur Verfügung gestellte Unterstützung für seinen Lebensunterhalt als zu gering, zum anderen war er bereits unheilbar der Trunksucht verfallen. Er gilt als *der* Weltschmerzler unter den isländischen Lyrikern, Schwermut und Bitterkeit kennzeichneten seinen Lebensweg. In seiner Dichtung beschäftigte er sich daher auch besonders häufig mit dem Tod. Eine vollständige Sammlung seiner Lyrik erschien erst posthum, herausgegeben von Jón Ólafsson. Seine Schauspiele, die zumeist von Lateinschülern aufgeführt wurden, erschienen zu Lebzeiten ebenfalls nicht gedruckt. Verdienste erwarb er auch als Übersetzer mehrerer ausländischer Lyriker, darunter Heinrich Heine, Friedrich von Schiller, Lord Byron, Thomas Moore und Hans Christian Andersen. Kristján Jónsson starb zwei Monate vor seinem 27. Geburtstag.

Matthías Jochumsson

* 11. November 1835 in Skógar
† 18. November 1920 in Akureyri

Der Sohn eines armen Bauern (eines von 14 Kindern) arbeitete in seiner Jugend auf dem Land und als Fischer. Nach dem Abitur und einer Kaufmannslehre studierte er Theologie. Seine Tätigkeit als Pfarrer wurde mehrmals durch journalistische Arbeitsphasen und durch längere Reisen unterbrochen. Mit seinem Stück „Die Geächteten" gilt er als Begründer der neuen isländischen Dramatik. Er veröffentlichte außerdem zahlreiche Gedichtbände, in denen oft Themen aus der isländischen Geschichte dominieren. So verherrlichte er bedeutende Männer der heimischen Geschichte, beispielsweise den Edda-Schöpfer Snorri Sturluson, den letzten katholischen Bischof Islands, Jón Arason und den Passionsdichter Hallgrímur Pétursson. Matthías Jochumsson selbst schuf zahlreiche Passionspsalmen, die größtenteils jedoch erst nach seinem Tod in die offiziellen Gesangsbücher aufgenommen wurden. Diese Tatsache lag in seinen freiheitlich-liberalen Auffassungen begründet: Den orthodoxen Christen gingen sie viel zu weit, den Anhängern realistischer Gesellschaftskritik in Kirche, Staat und Literatur gingen sie nicht weit genug. Matthías Jochumsson war auch ein angesehener Übersetzer, er brachte u. a. Werke von William Shakespeare, Hendrik Ibsen, Lord Byron und Esaias Tegnér ins Isländische. Ab dem Jahre 1900 bezog er ein staatliches Dichtergehalt, die letzten 33 Jahre lebte er in Akureyri. Der nachdrücklich für die Unabhängigkeit Islands eintretende Matthías Jochumsson ist Autor der isländischen Nationalhymne und wurde 1920 Ehrendoktor der Universität Reykjavík.

PÁLL JÓNSSON

* 01. Februar 1857 in Helgastaðir
† 24. Mai 1930

Páll Jónssons Vater Jón war Gemeindevorsteher. Nach der Schulzeit versuchte er zunächst, als Goldschmied Fuß zu fassen, was jedoch mißlang. 23jährig wurde er Lehrer in der Schule zu Möðruvellir, zwei Jahre später stellte man ihn als Grundschullehrer in der „Hauptstadt des Nordens", Akureyri, an. Hier arbeitete er in der schulfreien Sommerzeit auch als Werkleiter im Straßen- und Wegebau. Páll Jónsson genoß bei seinen Zeitgenossen großes Ansehen und wurde für einige Zeit Mitglied des Stadtrats von Akureyri. In späteren Jahren gründete und leitete er im gleichen Ort eine lokale Zeitschrift, außerdem arbeitete er als Redakteur. 46jährig publizierte er seinen ersten Band mit Lyrik, den er „Winter und Frühling" nannte. Dem folgten diverse Theaterstücke, die erst weit nach seinem Tod gesammelt herausgegeben wurden. Zu seinen weiteren schriftstellerischen Aktivitäten gehört die Erzählung „Schein und Schatten" aus dem Jahre 1880 sowie ein Lehrbuch zur Naturkunde.

PÁLL ÓLAFSSON

* 08. März 1827 in Dvergasteinn
† 23. Dezember 1905

Páll Ólafsson kam als Sohn des ebenfalls als Dichter bekannten Priesters Ólafur Indriðason zur Welt. Sein Bruder Jón wurde ebenso Literat. Páll Ólafsson wurde im Haus seiner Eltern unterrichtet und erhielt keine darüber hinausgehende Schulbildung. Er lebte als Bauer auf dem Hof Hallfreðarstaðir im Ostland, wo er auch mit wichtigen kommunalen Verwaltungsaufgaben betraut wurde, so mit der Betreuung der Güter des ehemaligen Klosters Skriða. Als Dichter wurde er besonders wegen der Leichtigkeit geachtet, mit der er Reim und schwierige isländische Strophenformen beherrschte. Außerdem fiel er durch die leichte, freundliche Bearbeitung seiner Themen auf, im Gegensatz zum düsteren, sich nach dem Tod sehnenden Kristján Jónsson.

STEINGRÍMUR THORSTEINSSON

* 19. Mai 1831 in Stapi
† 21. August 1913 in Reykjavík

Der Sohn eines Landrats und Enkel eines Bischofs besuchte die Lateinschule in Reykjavík, später die Universität Kopenhagen, wo er Rechtswissenschaft und klassische Philologie studierte. Während seines mehr als 20jährigen Aufenthalts in der dänischen Hauptstadt beschäftigte er sich u. a. intensiv mit der altisländischen Sagaliteratur, später kehrte er nach Island zurück und war lange Jahre Rektor der Lateinschule in Reykjavík. Er gilt als bedeutender Lyriker der Nationalromantik und ist auch als Übersetzer von Werken der Weltliteratur ins Isländische hoch angesehen (u. a. die Märchensammlung „Tausend und eine Nacht", Friedrich de la Motte Fouqués „Undine" und William Shakespeares „König Lear"). Seine Vaterlands- und Freiheitsgedichte beeindrucken noch heute durch Sprachgewalt und gedankliche Konsequenz. Eine schwedische Literaturzeitschrift charakterisierte ihn 1882 treffend: „Durch die vaterländischen Lieder und Naturgedichte geht ein Strom der Begeisterung, sowohl für die alte Heldenzeit wie für die großartige und schöne isländische Natur. Ihre noch unveränderten Berge, Täler und Wasserfälle erinnern ihn an die Helden der Vorzeit, die hier lebten." Häufiger landschaftlicher Hintergrund seiner Lyrik ist die Halbinsel Snæfellsnes im Westen Islands, die Landschaft seiner Kindheit, wo Jules Verne seine „Reise zum Mittelpunkt der Erde" beginnen ließ. Oftmals bediente er sich auch der Sagen und Legenden dieser Landschaft, so der Sagengestalt des Bárður, des isländischen Rübezahl. In Deutsch erschien: „Steingrímur Thorsteinsson, ein isländischer Dichter und Kulturbringer" (Lyrik, 1912).

Þorsteinn Erlingsson

* 27. September 1858 in Stóra-Mörk
† 28. September 1914 in Reykjavík

Der Bauernsohn Þorsteinn Erlingsson studierte in Kopenhagen Jura und altnordische Philologie und blieb zunächst als Journalist und Sprachlehrer in Kopenhagen. Lange Zeit engagierte er sich als Abgeordneter des isländischen Parlaments. Auch während der Zeit der intensiven politischen Betätigung vor allem in der Arbeiterbewegung war er als Lyriker mit dem Schwerpunkt des Naturgedichts sehr produktiv. Sowohl als Abgeordneter des Parlaments als auch in seinen Gedichten vertrat er radikale Positionen. Einige seiner wichtigen Themen waren: bedingungslose Freiheit und Unabhängigkeit Islands von der dänischen Vorherrschaft, humaneres Handeln in der isländischen gesellschaftlichen Realität seiner Zeit und vorurteilsfreies Denken, was das Reflektieren jenseits religiöser Denkzwänge ausdrücklich beinhaltete. Damit schaffte er sich nicht nur, aber besonders unter konservativen Isländern viele Widersacher. Ein österreichischer Kritiker schrieb 1897: „Seine Gedichte sind versifizierte Beiträge zur Diskussion der gegenwärtigen Zeitfragen und haben mehr oder weniger deutlich den Charakter von Tendenzgedichten. Er huldigt dem äußersten Radikalismus in politischen und religiösen Dingen." Seine Befürworter wie Gegner lobten an seinen Gedichten jedoch den perfekten Sprachgebrauch und die Formschönheit, außerdem trat er in künstlerischer Hinsicht für die möglichst getreue Abbildung von gesellschaftlichen Prozessen und Naturphänomenen ein. Viele seiner Gedichte sind in Island noch heute allgemein bekannt.

Þorsteinn Gíslasson

* 26. Januar 1887 in Stærri-Árskógur
† 1938

Nachdem Þorsteinn Gíslasson in Reykjavík sein Abitur abgelegt hatte, begann er, in Kopenhagen Nordische Philologie zu studieren. Bald jedoch mußte er sein Studium abbrechen, da sich die Philosophische Fakultät weigerte, sein selbstgewähltes Prüfungsgebiet „Die isländische Literatur der letzten Jahrhunderte" anzuerkennen. Er kehrte der Universität den Rücken und widmete sich fortan der schriftstellerischen Tätigkeit, außerdem gab er Zeitungen, Zeitschriften und Bücher heraus. Zeitweise führte er auch eine Buchhandlung und eine Druckerei. Die Kopenhagener Monatsschrift „Sunnanfari", deren Redakteur er mehrere Jahre war, kaufte er 1896 und exportierte sie nach Island, wo er sie noch zwei Jahre leitete. Bis zwei Jahre vor seinem Tod gründete er mehrere Zeitschriften und arbeitete für zahlreiche als Redakteur, darunter für die Monatsschrift „Óðin". Als äußerst einflußreicher Journalist betätigte er sich auch politisch, zeitweise gehörte er den Führungsgremien der Selbstverwaltungspartei an. Zudem machte er sich einen Namen als Förderer und Herausgeber zahlreicher junger Autoren. Sein schriftstellerischer Schwerpunkt lag in der Lyrik, die er verstreut in Zeitschriften und später in mehreren Gedichtbänden veröffentlichte, außerdem im Abfassen von Biographien über isländische Dichter und Politiker. Darüber hinaus machte er sich als Übersetzer ausländischer Literatur verdient, so brachte er u. a. Werke von Adelbert von Chamisso, Emile Zola, Henryk Sienkiewicz, Giovanni Papini, Joseph Rudyard Kipling und Gabriel Scott ins Isländische.

Anmerkungen

1 Snæfellsjökull: Schneeberggletscher, vergletscherter Stratovulkan (1446 m) im Westen Islands; oft Schauplatz in der Literatur, u. a. bei Laxness („Seelsorge am Gletscher") und bei Jules Verne („Reise zum Mittelpunkt der Erde")

2 Hel: Todesgöttin

3 Rán: Meeresgöttin

4 Lóndrángar: zwei freistehende Felsen an der Küste, südlich des Snæfellsjökull

5 Bárður: ein Bergriese, Schutzgeist der Gegend um den Snæfellsjökull

6 Eggert Ólafsson: isländischer Naturhistoriker und Dichter, ertrank im Mai 1768 mit seiner Frau kurz nach der Hochzeit auf dem Weg zum gemeinsamen neuen Wohnort im Breiðafjörður

7 Skór: Landzipfel am Südende der Westfjorde, eine der wenigen Anlegemöglichkeiten, heute mit Leuchtturm

8 Bulk: aufgestapelter Gepäckhaufen eines offenen Bootes

9 Drauge: Spukgestalt aus der mittelalterlichen Literatur; ein „lebendiger Toter", der im skandinavischen Volksglauben aus seinem Totenbett heraus zu einer Bedrohung für Menschen wird

10 Öxará: Fluß in Þingvellir

11 Almannagjá: so benannt, weil darin alle Männer Islands Platz fanden; Teil von Þingvellir, früher Tagungsstätte des ältesten europäischen Parlaments

12 Althing: ältestes europäisches Parlament, tagte bis 1800 unter freiem Himmel, war zugleich gesetzgebende Versammlung und oberstes Gericht

13 Thorgeir: Gesetzessprecher des Althing, auf dessen Antrag im Jahre 1000 das Christentum gesetzlich eingeführt wurde

14 Gissur, Geir, Gunnar, Hédin und Njál: berühmte Isländer, die ebenfalls im Althing eine bedeutende Rolle spielten und aus den Isländersagas bekannt sind

15 Snorri: der Gode Snorri Þorgrímsson (gest. 1031); während des Althing schlugen die Teilnehmer Zelte und Buden auf

16 Lögberg (= Gesetzesfelsen): Platz des Gesetzessprechers während des Althing, heute durch eine Fahnenstange und eine Gedenkplatte gekennzeichnet

17 Ægir: Meerriese mit Zügen eines Gottes

18 Hekla: berühmtester Vulkan Islands (1491 m)

19 Skjaldbreiður: 1060 m hoher Schildvulkan mit großem Krater von 300 m Durchmesser, südwestlich des Langjökull

20 Logi: Feuergott

21 Lambahlíð: 675 m hoher Berg südlich des Þórisjökull

22 Hlöðufell: 1188 m hoher Tafelvulkan, östlich des Skjaldbreiður

23 Þingvallavatn

24 Hrafnagjá: Schlucht nordöstlich des Þingvallavatn

25 Grímur Geitskór: einer der ersten Häuptlinge, die große Teile Islands bereist hatten; er suchte das Lavafeld des Skjaldbreiður am Þingvallavatn als Thingstätte aus, weil sich hier alle Wege trafen, die durch das Innere Islands führten; heute ist Þingvellir Nationalpark

26 Almannagjá am Þingvallavatn: Schlucht, in der alle Männer Islands Platz fanden; mehrere Kilometer lang mit bis zu 40 m hohen, steilen Felswänden

27 Grund: häufiger isländischer Ortsname

28 Dettifoss: gewaltigster Wasserfall Europas, 44 m hoch, 100 m breit, 200.000 Liter Wasser und 400 kg Schlamm und Geröll stürzen pro Sekunde herab

29 Sprengisandur: Sand- und Geröllwüste in Zentralisland, ca. 70 km lang und 30 km breit; wegen weit auseinander liegender Weideplätze

ergab sich früher die Gefahr, die Pferde zu „sprengen", also zu Tode zu treiben; daher auch der Name

30 Geächtete: wegen ihrer Missetaten in die benachbarte Missetäterwüste (Ódáðahraun) verstoßene Isländer

31 Kiðagil: 6 km lange, enge Felsschlucht am nördlichen Ende des Sprengisandur, erste Weidemöglichkeit für Pferde

32 Ausbruch der Askja am 29. März 1875, als Aschewolken bis Norwegen und Schweden trieben; das Gedicht wurde an diesem Tag geschrieben

33 Jón Jónsson: Lateinlehrer in Bessastaðir, ertrank 1817 bei einem Schiffbruch unterhalb der schwarzen Klippen am Fuße des Snæfellsjökull

34 Ægir: Meerriese, mit Zügen eines Halbgottes

35 Jökulsá: längster Gletscherfluß Ostislands, 150 km lang, führt pro Stunde etwa 120 Tonnen Gletschersedimente mit sich

36 Öræfajökull: Gletscherkappe eines Stratovulkans im Südosten Islands, Ausbrüche 1362 und 1727, Gipfel „Hvannadalshnúkur", mit 2119 m höchster Punkt der Insel

37 Gunnarshólmi: Grasinsel zwischen Markarfljót und Álar; laut Njáls saga kehrte Gunnar von Hlíðarendi hier um, als er des Landes verbannt worden war und sich auf dem Weg zum Schiff befand

38 Eyjafjallajökull: nur 100 km² große Gletscherkappe auf einem Stratovulkan im Süden; Ausbrüche 1621 und 1821, höchster Punkt ist Hámundur, 1666 m

39 Tindfjallajökull: vergletscherter Vulkan in Südisland, 1462 m hoch

40 Hekla: berüchtigter Vulkan im Süden, 17 Ausbrüche in historischer Zeit, ca. 1500 m hoch, gilt als Tor zur Hölle; über den Gipfel zieht sich eine 4 km lange Spalte; Erstbesteigung durch Eggert Ólafsson

41 Markarfljót: 100 km langer Fluß aus dem Gletscher Mýrdalsjökull mit 242 m langer Brücke aus dem Jahr 1933

[42] Rán: Meeresgöttin, Herrscherin über das Totenreich am Grunde des Meeres

[43] Gunnars Lieblingswaffe, die er im Kampfe einem Wikinger abgenommen hatte; der Sage nach klirrte sie, ehe sie eine Todeswunde schlug

[44] Þverá: Gletscherfluß in der Nähe von Gunnarshólmi

[45] Fljótshlíð: Landschaft um Gunnarshólmi; hier verlebte Bjarni Thórarensen seine Kindheit; später wurde die Gegend durch vulkanische Aktivität verwüstet

[46] Disen: Schicksalsjungfrauen

[47] schwarze Felsformationen an der Südküste von Snæfellsnes bei Stapi

[48] gemeint ist Jón Jónsson, Lateinlehrer in Bessastaðir; er ertrank 1817 bei einem Schiffbruch unterhalb der schwarzen Klippen am Fuße des Snæfellsjökull, vgl. auch „Jón Jónsson", S. 62

[49] Allegheny: Gebirge im US-Bundesstaat Pennsylvania

[50] Kári: der Windriese

Übersetzer

	Seite
BAUMGARTNER, ALEXANDER	31
KÜCHLER, KARL	98
KÜCHLER, KARL; POESTION, JOSEPH C.	80
LEHMANN-FILHÉS, MARGARETE	33, 84, 85, 89
POESTION, JOSEPH C.	23, 27, 28, 29, 32, 35, 38, 41, 42, 44, 48, 51, 53, 56, 57, 58, 59, 60, 61, 62, 66, 69, 73, 77, 78, 81, 82, 83, 86, 90, 91, 93, 95
KNEBEL, WALTHER VON	55
SCHWEITZER, PHILIP; POESTION, JOSEPH C.	75

Dank

Besonderer Dank für uneigennützige Hilfe und ausdauernde Unterstützung gilt neben zahlreichen anderen:

SUSANNE SCHROEDER
SUSANNE GÖTZINGER
BERND HAMMERSCHMIDT
ÁSGEIR EGGERTSSON
KARL WIKTORIN
MICHAEL J. DREMEL

Frank Schroeder im LundiPress Verlag

FRANK SCHROEDER:
Die Eisumschlungene - Spurensuche in Island
160 Seiten, 38 Farbfotos, Format 22 x 24 cm
Leinen, geb. mit Schutzumschlag

ISBN 3-980 164 8-3-7   DM 48,90

Island 1908: Eine Expedition sucht nach zwei deutschen Wissenschaftlern, die unter mysteriösen Umständen im tiefsten Kratersee der vulkanisch aktiven Zone ums Leben kamen. Mit dabei ist Ina von Grumbkow, die Verlobte eines der Verschollenen.
Island 1994: Frank Schroeder begibt sich auf die Spurensuche, um das Geheimnis um die beiden Männer zu lüften. Ina von Grumbkows Tagebuchnotizen, isländische Gedichte, Märchen und Mythen begleiten den Autor auf seiner abenteuerlichen Reise ins Innere Islands.

„Ein spannendes, Fernweh weckendes Lesevergnügen."
                                                              Münchner Merkur
„... nicht nur das spannende Porträt einer faszinierenden Frau, sondern auch eine empfindsame Einführung in die rauhe Schönheit Islands."
                                                              Nürnberger Nachrichten
„Das Spannende ist die Verbindung von Schicksalen der Menschen mit Mythen und Legenden einer Landschaft; Gedichte, Märchen, Geschichten sind eingearbeitet."
                                                              Neue Saale-Zeitung
„Ein seltener Fall: Reisebuch und Krimi in einem."
                                                              Märkische Allgemeine

Islandbücher im LundiPress Verlag

PETER CHRISTMANN:
Island - Mythos einer Landschaft
96 Seiten, Format 23 x 27,5 cm, Hardcover, geb.
42 ganzseitige Schwarzweißfotos

ISBN 3-980 164 8-1-0   DM 47,80

MICHAEL J. DREMEL; KARL WIKTORIN:
Islandreisen - aus alten Reiseberichten
Band 1: 1918 bis 1939
128 Seiten, 7 Abbildungen, Format 15 x 21 cm

ISBN 3-980 164 8-2-9   DM 16,80

THOMAS LINKEL; KATJA LECHTHALER:
Island - Geschichten und Bilder aus Odins Reich
84 Seiten, 55 Farbfotos, Format 22 x 22 cm,
Hardcover, geb. mit Schutzumschlag

ISBN 3-980 164 8-4-5   DM 39,80

KARL WIKTORIN:
Island ABC - Praktische Reiseinformationen
100 Seiten, Format 19 x 11,5 cm

ISBN 3-980 164 8-5-3   DM 9,80

LundiPress Verlag Karl Wiktorin
Postfach 12 20 - 85066 Eichstätt
Tel. 08421-7115 oder 3923
Fax 08421-80983 oder 3740
E-Mail: LundiPress@t-online.de
http://home.t-online.de/home/lundipress/lupr.htm